Bereiken wat je wilt

*Dit boek draag ik op aan Willem, die me veel heeft geleerd over het trainersvak, en me heeft laten kennismaken met het interactiemodel De Roos van Leary.
Ik ben hem daarvoor zeer dankbaar.*

Bereiken wat je wilt

Een persoonlijke aanpak

Bert van Dijk

Thema, uitgeverij van Schouten & Nelissen

Copyright © Bert van Dijk, 2002, 2004, 2007, 2008, 2010

Alle rechten voorbehouden. Niets uit deze uitgave mag worden vermenigvuldigd, opgeslagen in een geautomatiseerd gegevensbestand of openbaar gemaakt, in enige vorm of op enige wijze, hetzij elektronisch, mechanisch, door fotokopieën, opnamen of op enig andere manier, zonder voorafgaande schriftelijke toestemming van de uitgever.

Omslagontwerp: Rob Molthoff, Amsterdam
Opmaak binnenwerk: Paul Boyer, Amsterdam
Grafische productie: Topline Graphic Consultants, Son

ISBN 978 90 5871 347 6
NUR 770
TREFWOORD psychologie algemeen

www.thema.nl

INHOUDSOPGAVE

Voorwoord	7	De Volger	54
Inleiding	8	De Schat	58
Communicatie	12	De Good Guy of Good Girl	62
De methode	14	Wammes Waggel	65
Gedrag roept gedrag op	20	De logische weg: de patronen	70
Subpersonen	25	De lastige weg: het kompas	84
De Leider	31	Omgaan met lastig gedrag	94
De Arrogante	35	De keukentafel	98
De Krijger	39	Achtergronden	104
De Rebel	44		
De Stille	50		

VOORWOORD

Dit boek is geschreven voor iedereen.
Het helpt je om in het dagelijks leven om te gaan met het vervelende feit dat – ondanks al je goede bedoelingen – anderen vaak niet doen wat jij wilt dat ze doen. Een heel vervelende eigenschap van mensen, nietwaar?
Al je pogingen om mensen tot andere gedachten te brengen falen. En daar sta je dan!
Gelukkig is er een oplossing en die oplossing ligt besloten in jezelf. Het enige dat je hoeft te doen is het slot te openen.
En daarvoor biedt dit boek een even eenvoudige als plezierige oplossing.

Ik heb bij het schrijven van dit boek de hulp ingeroepen van anderen: mijn dochter Anna van Dijk, oud-deelneemster Patricia de Witte, de twintig bankmedewerkers die mij toestonden de subpersonen uit dit boek op hen te testen, en mijn dierbare vrienden Anne-Lies Hustings, At van Rijsdam en Mario van Tilburg, die mij veel waardevolle tips, opbouwende kritiek en stimulerende complimenten gaven.

Ook ben ik Anja Timmerman zeer erkentelijk voor de milde en relaxte manier waarop ze dit spoedproject heeft begeleid vanuit de uitgeverij. Je was een echte Schat!

Ten slotte een algemeen woord van dank aan allen die, zonder het te weten, model hebben gestaan voor de vele voorbeelden die dit boek nodig had.

Bert van Dijk

INLEIDING

Bereiken wat je wilt.
Het klinkt zo alledaags. 'Ik ga even bereiken wat ik wil …', alsof je naar de bakker gaat.
'Ik ga even een brood halen …'

Bereiken wat je wilt is ook alledaags. Elke dag zijn wij allemaal bezig dingen te bereiken. Ik ben op dit moment een boek aan het schrijven. Ik wil bereiken dat in een serie boeken een deeltje verschijnt over 'bereiken wat je wilt'. Wat doe ik om te bereiken wat ik wil? Tijd reserveren, nadenken, achter mijn pc plaatsnemen, tekst produceren, tekst schrappen, weer tekst produceren, heel hard roepen: 'Het lukt niet!'…

Je bent op dit moment aan het lezen. Wat je daarmee wilt bereiken, weet ik niet. Misschien wil je weten hoe je je doelen nog beter kunt realiseren, misschien wil je beoordelen of je dit boek wilt kopen, misschien ga je er een recensie over schrijven. Wat je ook wilt bereiken: welkom!

Bereiken wat je wilt. Logisch eigenlijk. Natuurlijk wil je dat. Het doet me denken aan een oud liedje van Eddy Christiani: 'Ik wou, dat ik naar huis toe wou.' Die zin heb ik als kind altijd fascinerend gevonden. Ik zag die man met z'n gitaar en dacht dan: 'Dan doe je dat toch gewoon!'

Als je iets wilt, dan doe je dat toch gewoon? Nu ik mij, jaren later, in mezelf en andere mensen heb verdiept, weet ik natuurlijk wel beter. Iets willen is nog iets heel anders dan iets ook werkelijk doen. 'Ik wou dat ik naar huis toe wou … – maar ik ga niet. Het is hier veel te gezellig! Ik blijf. Maar wat wil ik nu echt? Blijven natuurlijk! Maar ik wou ...' Tja. 'Moeilijk doen' noemden we dat vroeger op school. Vermijdingsgedrag heet het in de psychologie. Het vermijden van het maken van keuzes bijvoorbeeld. Als ik naar huis ga, tref ik een tevreden echtgenote, maar mis ik een feest; als ik blijf, is mijn vrouw boos, maar heb ik een leuk feest!

Mijn nichtje deed altijd moeilijk. 'Nee An', zei mijn tante, 'Je kunt nu niet naar de winkel, want die is dicht.' 'Ja, maar ik wil het zo graag.' 'Dat begrijp ik, maar het kan niet.' 'Ja, maar ik wil het zo graag!' Mijn ouders vonden An een 'moeilijk kind'. Maar An wist heel goed wat ze wilde. Ze nam geen genoegen met 'Het kan niet'. En wie weet, misschien had mijn tante de winkelier wel om kunnen praten. Ze woonden tenslotte in een klein dorpje.
Bereiken wat je wilt ... is ook *weten* wat je wilt. Willen is dus: iets *echt* willen. Alsof je al een besluit genomen hebt: dát is wat ik wil.

Soms wil je graag iets bereiken, maar ontbreken de mogelijkheden. Ik had graag concertpianist willen worden, en zie mij nu eens zitten! Met mijn talent voor het beroeren van de toetsen ben ik een boek aan het schrijven achter de knoppen van een computer. Terwijl ik je had willen trakteren op prachtige muziek. Mijn talent bleek niet groot genoeg. Er zijn wegen die gesloten blijven, hoe graag je iets ook *wilt*. Het moet ook nog *kunnen*.
Bereiken wat je wilt ... is weten wat je *wilt* en *kunt* bereiken.

Het gaat in dit boek niet om doelen zoals 'concertpianist worden' of 'ooit wil ik in een kasteel wonen'. Als dat je wens is, kun je beter boeken kopen met titels als 'Hoe word ik rijk?' en 'Effectief beleggen'. In dit boek gaat het om alledaagse doelen, bijvoorbeeld om de vraag: 'Hoe bereik ik dat mijn kinderen uit zichzelf hun huiswerk maken, zonder dat ik ze steeds hoef aan te sporen?'

Bereiken wat je wilt, op een nieuwe manier, langs nieuwe wegen. 'Ik heb al zo vaak geprobeerd ze aan het huiswerk te krijgen, niets lukt meer!' Je hebt van alles uit de kast gehaald:

straffen, belonen, smeken, rustig praten, dat alles en nog veel meer. Niets helpt. Het lijkt wel of je kinderen je op de proef stellen. En dat doen ze ook!
Het antwoord is zo simpel. Zal ik je een advies geven? Weet je wat je kunt doen?
Niets.

In dit boek laat ik je zien waarom. Met een eenvoudige manier om in allerlei situaties alledaagse doelen te bereiken. Als je denkt álles al geprobeerd te hebben, heb je alles geprobeerd wat in je vermogen ligt. Dat is natuurlijk prima. Misschien helpt de methode van straffen en belonen. Maar soms helpt 'niets'. Je heb veel meer mogelijkheden dan je denkt.
Wij gaan met onze eigen mogelijkheden net zo om als met computers. We gebruiken maar een klein deel van de mogelijkheden. Dit boek is als een computercursus: daar leer je meer uit je computer te halen, in dit boek leer je meer uit jezelf te halen.

Bereiken wat je wilt. Maar hoe?
In de volgende hoofdstukken beschrijf ik de methode die ik daarvoor ontwikkeld heb. Deze methode is voornamelijk gebaseerd op wetenschappelijk onderzoek van de laatste vijftig jaar. Het zijn dus bestaande inzichten en ideeën, maar op een nieuwe manier vormgegeven. Als je eenmaal weet wat je bereiken wilt, wil je dat ook aan anderen vertellen. Daarvoor is maar één methode beschikbaar: communiceren. Een kort hoofdstukje over communicatie mag dan ook niet ontbreken.

De methode zelf is een vierstappenplan. In eenvoudige situaties neem je de vier stappen in hoog tempo. In meer complexe situaties kosten ze je wat meer tijd.
Belangrijk onderdeel van de methode zijn de zogenaamde subpersonen. Subpersonen vertegenwoordigen verschillende aspecten van één en dezelfde persoon.
Ik beschrijf er in dit boek negen. Aan de hand van voorbeelden schets ik een beeld van elk van deze subpersonen. Je kunt de kenmerken en de eigenschappen van deze subpersonen bij jezelf herkennen of je zult constateren dat je ze mist. In dat laatste geval kun je de kenmerken van de betreffende subpersoon ontwikkelen. Dat is het moeilijkste deel van de methode.

Je zult zien dat de subpersonen verschillend gedrag bij anderen oproepen. Dat is heel eenvoudig en herkenbaar: jouw vriendelijke gedrag roept vriendelijk gedrag bij een ander op, maar wie met een chagrijnige kop rondloopt, komt maar zelden een lachend gezicht tegen. Wat heeft iedereen vandaag toch?, denkt zo iemand. Ondertussen ligt het helemaal aan hemzelf.
Ik confronteer je met alledaagse situaties en laat je zien hoe je in het dagelijks leven, desnoods aan de keukentafel, gebruik kunt maken van de methode om ...
te bereiken wat je wilt.

Ten slotte geef ik achtergrondinformatie. Zoals gezegd is deze methode gebaseerd op wetenschappelijk onderzochte en in de praktijk getoetste gegevens. Wie daar meer over wil weten kan in dit laatste hoofdstuk terecht.

Het doel van mijn methode is, om je – naast wat je gewend bent te doen in relatie tot anderen – nieuwe manieren aan te reiken om te bereiken wat je wilt, en meer uit jezelf te halen dan je tot nu toe gedaan hebt.
En waarom je niets moet doen met kinderen die hun huiswerk niet willen maken?
Dat vertel ik je in het hoofdstuk *De Stille*.

Ik wens je veel leesplezier, maar vooral veel succes met *bereiken wat je wilt*!

Bert van Dijk

PS *In dit boek komen veel voorbeelden voor in de ik-vorm. De meeste daarvan zijn echt gebeurd. Sommige voorvallen heb ik veranderd om beter te kunnen aangeven wat ik bedoel, in andere zijn bestaande personen onherkenbaar gemaakt.*
Waar in de beschrijving van de subpersonen 'hij' staat, bedoel ik 'hij of zij'. De voorbeelden zijn van toepassing op mannen én vrouwen.

COMMUNICATIE

Om te bereiken wat je wilt, zul je eerst je wensen duidelijk moeten maken aan anderen. Zij moeten weten wat je van hen verwacht. We denken allemaal dat we dat kunnen. We veronderstellen dat we duidelijk kunnen maken wat we bedoelen en dat wat we bedoelen ook als zodanig wordt begrepen door een ander. Jammer. Want dat is helemaal niet zo. Onze communicatie is zó grof, dat we van een boodschap alleen maar de grote lijnen kunnen bevatten. Dat zou nog niet zo erg zijn, als we die grote lijnen dan ook echt hadden opgevangen. Jammer. Want ook dat is niet waar.

We hebben de grote lijnen in beeld, maken daar een eigen voorstelling van en vervolgens *denken* we dat we de ander hebben begrepen. Maar we hebben alleen maar begrepen wat we zelf hebben *bedacht*. En dat kon wel eens heel iets anders zijn dan wat die ander heeft *bedoeld*. Het is trouwens maar helemaal de vraag of je wel begrepen hebt wat ik hier zojuist heb bedoeld. Misschien dacht je wel dat ik bedoelde dat ik precies weet hoe het komt dat we zo moeizaam communiceren. Dat is niet zo.
Of je denkt dat ik bedoel te zeggen dat het helemaal verkeerd is dat we zo onhandig met elkaar omgaan. En dát is wel waar!

Doordat we elkaar maar half begrijpen, kunnen we maar half met elkaar communiceren, half met elkaar leven. Voor onszelf en de wereld om ons heen is dat natuurlijk niet bevorderlijk. Misschien zijn veel oorlogen en vetes wel begonnen door een simpele storing in de communicatie! Met andere woorden: misschien zou veel ellende voorkomen kunnen worden door simpelweg minder onhandig met elkaar om te gaan.

Een mooie uitspraak over communiceren komt van onze nationale taalkunstenaars Kees van Kooten en Wim de Bie: *Communiceren is zo dicht mogelijk langs elkaar heen praten* – gevonden op de Bescheurkalender, ik weet niet meer welk jaar. Een prachtige vondst!

Communicatie is het enige kanaal waarlangs we elkaar kunnen bereiken. Dat kan via allerlei zintuigen: zien, horen, voelen, proeven en natuurlijk ook ruiken. Als jij stinkt, druk je uit: 'Het kan me niks schelen wat jij vindt, ik heb geen zin om daar rekening mee te houden.' Als ik ruik dat je stinkt en ik zeg daar wat van, kan ik bedoelen: 'Ga je wassen, ik heb last van je geur', en vervolgens tevreden zijn. Jij kan het opvatten als een belediging: 'Jij vindt dat ik niet deug.' De vete is geboren!

Raar voorbeeld? Ik vind van niet. Maar dat mag. Ik mag heel iets anders vinden dan jij. Toch kunnen we goed communiceren. Als we maar duidelijk zijn. Ik kan begrijpen dat jij het een raar voorbeeld vindt. 'Vind je het goed dat ik het toch laat staan? Het is toch *mijn* boek? Je vindt het goed? Dan zijn we eruit. En jij gaat je wassen.'
'Nee hoor. Jij laat je stukje staan, ik blijf stinken.' 'Dan ga ik ergens anders zitten.'
Probleem opgelost.

Alles is oplosbaar, maar het is niet altijd zo makkelijk als ik het hier schets. Vandaar dat ik een heel boek nodig heb om je te leren hoe je je eigen doelen kunt bereiken met behulp van communicatie.

DE METHODE

Ik bied je een methode waarmee je kunt bereiken wat je wilt. Het is een stappenplan dat je kunt toepassen waar en wanneer je maar wilt. We zeggen wel eens: als je problemen hebt met iemand, tel dan even tot tien. Welnu, ik maak het simpeler: tel tot vier.

Wat doe je in die vier tellen? Heel eenvoudig:
1 Je haalt 1 keer diep adem.
2 Je kijkt de situatie rustig aan, je bepaalt welk belang voorop staat en neemt een besluit over wat je wilt bereiken.
3 Je kiest een subpersoon die je kan helpen, via de *logische* of via de *lastige* weg.
4 Je 'wordt' tijdelijk die subpersoon.

Hieronder licht ik elk van de vier stappen toe. Als je deze stappen vervolgens een paar keer in de praktijk oefent, heb je de methode geleerd. Kan het simpeler?

Stap 1: *Je haalt 1 keer diep adem*.
Zuurstof is één van de belangrijkste voorwaarden van ons bestaan. We kunnen uren zonder water leven, maar zonder zuurstof houden we het slechts enkele minuten vol.

Ademhalen doen we automatisch. Je kunt daar niet mee stoppen, het is onderdeel van ons autonome (zelfstandig functionerende) systeem. Je kunt natuurlijk ook bewust ademhalen. Dat betekent dat je erbij nadenkt *hoe* je ademhaalt: hoe diep, hoe lang je wacht met uit-ademen en of je in- en uitademt door je neus of door je mond. Als je een keer bewust en

diep ademhaalt, zul je merken dat je je meteen wat meer bewust bent waar je je bevindt en hoe je je voelt. Je bent je bewust van je lichaam. Vooral als je tijdens het ademhalen je aandacht richt op je voeten.
Wil je het nu oefenen? Blijf dan gewoon waar je bent, adem diep door je neus in en denk daarbij aan je voeten. Je voelt als het ware de zuurstof door je lichaam stromen. Na één of twee seconden adem je via je mond uit. Dat is genoeg.

Stap 2: *Je kijkt de situatie rustig aan, je bepaalt welk belang voorop staat en neemt een besluit over wat je wilt bereiken.*
Ik handel nogal eens ondoordacht. Ik weet niet of je dat herkent, maar soms heb ik iets al gezegd voordat ik er erg in had. Heel vervelend, want daarna moet ik heel veel moeite doen om duidelijk te maken dat ik iets heel anders bedoelde.

Ik ben trainer/adviseur. In mijn werk doen collega's nogal eens een beroep op elkaar om werk uit te voeren. 'Heb jij nog tijd voor die-en-die klant?' Het gaat altijd om belangrijke en meestal ook leuke klussen. Die aardige collega zit echt om me te springen op zo'n moment. Natuurlijk vind ik dat ik de juiste man ben voor die klus en bovendien weet ik dat zij ook altijd voor mij klaarstaat. En dan heb ik al 'ja' gezegd voor ik er erg in heb.
Drie weken later zit ik op een vrijdagochtend in de auto naar een locatie 200 kilometer van mijn huis en denk: 'Waarom heb ik ja gezegd? Er was vast wel een collega te vinden geweest die dichterbij woont!'

Terug naar het moment waarop mijn collega me de vraag stelde.
Eerst diep ademhalen. Misschien vraagt ze: 'Wat zucht je, is het een moeilijke vraag?' Perfect natuurlijk! Nu kan ik zeggen dat het inderdaad een lastige vraag is. Ik denk na. Welke belangen staan op het spel? Ik besluit om eerst vragen te stellen. Waar is het, heb je al aan collega x gedacht? Daarna stel ik vragen als: waar gaat het precies om, waarom vraag je dit aan mij? En dan kan ik een afweging maken.

Misschien wil ik deze collega inderdaad helpen. Ze is een goede collega, staat zelf ook wel eens extra vroeg op om mij een plezier te doen. Een andere overweging: deze klus is een kolfje naar mijn hand. Ik leer er zelf ook van, vind het ontzettend leuk en bovendien vind ik het een boeiende klant. Ik besluit om het te doen.

Maar het kan ook zijn dat ik de collega wel zou willen helpen, maar dat het mij heel slecht uitkomt. Die vrijdag wil ik vroeg thuis zijn om met mijn zoon naar de bioscoop te gaan en als ik de klus aanneem, kan dat niet doorgaan. Een teleurstelling voor hem en voor mij. Mijn privé-leven wil ik niet (altijd) ondergeschikt maken aan mijn werk. Ik besluit het niet te doen. Ik vertel het mijn collega, leg uit waarom ik het niet doe – zonder in details te treden – en ik toon begrip voor de teleurstelling.

Stap 3: *Je kiest de subpersoon die je kan helpen, via de* logische *of de* lastige *weg.*
Om te voorkomen dat ik de situatie onnodig vervelend of ingewikkeld maak, is het belangrijk dat ik helder en duidelijk communiceer (zie ook het hoofdstuk *Communicatie*). Afhankelijk van de situatie en de persoon waarmee ik te maken heb, kan ik mijn boodschap op verschillende manieren zenden. Daarvoor heb ik verschillende gedragsmogelijkheden in de vorm van negen subpersonen:

- de Leider
- de Arrogante
- de Krijger
- de Rebel
- de Stille
- de Volger
- de Schat
- de Good Guy en
- Wammes Waggel.

Een subpersoon is als het ware een deel van jezelf. Alle subpersonen samen vormen jou als totale persoon. Ik stel ze straks uitgebreid aan je voor. Ook leer ik je wat de *logische* en wat de *lastige* weg is om – met die subpersonen – te bereiken wat je wilt.

Stap 4: *Je 'wordt' tijdelijk die subpersoon.*
Het afwisselend 'worden' van de diverse subpersonen vind ik persoonlijk het boeiendste deel van de methode. Ik heb daardoor gemerkt dat ik veel meer in mijn mars heb dan ik dacht en dat ik daardoor veel meer bereik dan ik ooit voor mogelijk heb gehouden. In dit boek geef ik daarom veel voorbeelden uit mijn eigen leven. Vul ze aan met jouw eigen voorbeelden. Hoe meer je experimenteert en hoe meer aantekeningen je daarvan maakt, hoe meer je over jezelf – en je mogelijkheden om te bereiken wat je wilt – te weten komt.

Mijn nieuwe directeur bleek een strenge man te zijn. Hij sprak op gebiedende toon, vooral als hij het niet met me eens was. Hij gaf me het gevoel dat ik de dingen helemaal verkeerd zag. Ik wilde er wel iets van zeggen, maar hij gaf me nooit de kans. Dacht ik. Totdat hij een keer iets zei waar ik het totaal niet mee eens was. Hij overviel me ermee en ik reageerde onmiddellijk. 'Dat is helemaal niet waar! Hoe kom je daarbij?', snauwde ik. Vanaf dat moment konden wij uitstekend samenwerken.

Mijn logische reactie op de strenge directeur (zie subpersoon de Arrogante) was een onderdanige (de Stille). Ik bleef onderdanig en 'accepteerde' als het ware de positie van de ander. Zodra ik echter liet merken dat ik niet alles pikte – in dit geval de lastige weg – veranderde er iets. De Arrogante werd ineens onzeker en 'accepteerde' mijn nieuwe positie: hij realiseerde zich dat hij niet alles tegen me kon zeggen. Vanaf dat moment konden we in verschillende situaties verschillende rollen spelen. Ook al is hij mijn directeur, ik kan hem soms toch vertellen wat ik ervan vind en op dat moment de leiding nemen.

Met andere woorden: het gedrag van de een roept bij een ander een reactie op: het gedrag van de ander. Als ik altijd het gedragspatroon van dezelfde subpersoon vertoon (de logische weg), heeft de ander geen aanleiding om zijn of haar gedrag te veranderen. Zodra ik met een andere subpersoon op de proppen kom (de lastige weg), verandert ook het gedrag van de ander.

Je kunt ook zeggen: we kunnen met elkaar omgaan door in verschillende situaties ook verschillend op elkaar te reageren, en vervallen daardoor niet in een vast, logisch patroon ...

Bereiken wat je wilt: door afwisselend verschillende subpersonen te 'worden' en daarmee niet altijd de logische weg te bewandelen.

Zeg je nu: ik wil gewoon mezelf zijn en geen rol spelen? Dat kan ik heel goed begrijpen. Blijf vooral jezelf. Wees niet onecht, wees oprecht. Je kunt jezelf zijn en toch een rol spelen. Ga maar na. Als je thuis bent, speel je de rol van moeder, vader, minnaar, kok, buurvrouw. Je 'speelt' verschillende rollen, gedraagt je in verschillende rollen verschillend en toch blijf je jezelf.

Zo gaat het ook met de subpersonen. Je 'speelt' verschillende rollen en blijft jezelf. Anders gezegd: dezelfde subpersoon (bijvoorbeeld de Leider) zal er bij mij heel anders uitzien dan bij jou. Toch is het effect vergelijkbaar. We bereiken namelijk op een vergelijkbare manier ons doel. Dat maakt deze methode bruikbaar voor iedereen.

Als je een subpersoon kiest, hoef je die niet voortdurend te blijven spelen. Als je in staat bent snel een keuze te maken, kun je ook snel van rol wisselen. Dat gebeurt van het ene moment op het andere, zoals in de volgende huiselijke situatie:

Tijdens de vakantie besluit een gezin dat ieder gezinslid om de beurt een maaltijd kiest en die ook klaarmaakt. Eén van de kinderen heeft zich er wel erg makkelijk vanaf gemaakt: hij wil een eitje bakken en dat is het dan. Zijn zus heeft de vorige dag heel uitgebreid gekookt en is het er helemaal niet mee eens. Zij begint haar broer aan te vallen. 'Jij maakt je er wel lekker makkelijk vanaf!', bijt ze hem toe. 'Ik doe wat ik wil, dat gaat jou niets aan. We mochten zelf kiezen en dat doe ik dus ook', antwoordt hij. Op deze manier ontstaat een welles-nietes discussie, die de sfeer verziekt en geen oplossing biedt. Zij tapt dus uit een ander vaatje – kiest een andere subpersoon: 'Maar als je er nou eens een lekkere salade bij maakt?' 'Dat kan ik niet', probeert hij nog. 'Dat wil ik je wel leren', maakt zij haar spel af. 'Okee'. Doel bereikt.

Laat je subpersonen één voor één optreden, als in een toneelstuk. Wees een goede acteur: blijf jezelf!

GEDRAG ROEPT GEDRAG OP

Je zult je misschien afvragen: hoe kan het dat een methode die ik toepas, effect heeft op anderen? Die moet dan toch het 'spel' meespelen?
Het antwoord is heel simpel. De methode werkt, omdat jouw gedrag een bepaalde reactie bij een andere persoon oproept: zijn of haar gedrag. Je kunt als het ware een voorspelling doen over wat er gebeurt wanneer je een bepaalde subpersoon inzet. Anders gezegd: elke subpersoon roept bij de ander een (andere) subpersoon op. Als je weet welke dat is, kun je voorspellen wat de ander zeer waarschijnlijk zal doen als je iets doet of zegt.

Om dit uitgangspunt draait het in dit boek. Het gaat er niet om wat je doet, het gaat er om wat je wilt *bereiken*. Je moet daarbij beseffen, dat wat *de ander* doet, een reactie is op wat *jij* doet.

Ik wil geen vlees eten, ook niet in de vakantie. Ik kom met mijn vegetarische reisgenoten aan in een vreemd land en als teken van welkom krijgen we een schotel aangeboden die met heel veel zorg is klaargemaakt en die vol ligt met de lekkernij van de streek: ham.
Mijn vegetarische principe is goed doordacht en heeft ook een hele geschiedenis. Ik heb vroeger moeten knokken om thuis vegetarisch te mogen eten. Ik heb in andere culturen moeten leren me aanpassen aan de mogelijkheden. Het eten van het vlees is geen optie.
Wat moet ik doen?
Ik wil niet dat deze mensen mij meteen al veroordelen. Toch zullen ze dat waarschijnlijk doen als ik het eten weiger. Het is niet aardig om een zo zorgvuldig klaargemaakte schotel te weigeren. Ze zullen dat zeker opvatten als een afwijzing van hun welkomstgeschenk.

Een weigering zal dan ook negatief gedrag oproepen. Dat gebeurt onmiddellijk: in hun eigen taal maken ze grapjes. En ze geven blijk van hun onbegrip door een geringe bereidheid tot communiceren in een ook voor hen moeilijke taal, die we tenminste allebei een beetje beheersen.

Om te bereiken wat ik wil, zal ik wel eens onaardig moeten zijn. Minder 'aardige' subpersonen roepen ook minder aardig gedrag bij anderen op. Soms is dat 'as much as we can get'. Vriendelijk en tegemoetkomend gedrag roept hetzelfde bij anderen op. En als dat niet tegen mijn eigen belangen in gaat, is zulk gedrag vaak een heel prettige en aangename keuze. Soms moeten we minder prettige keuzes maken, op allerlei vlakken: zoals hard werken om te bereiken dat we geld verdienen. Als je nuttig wilt zijn voor de maatschappij en gezond wilt blijven, moet je ook vaak lastige keuzes maken.

Wie bijvoorbeeld van lekker zoet en veel eten houdt, kan heerlijk genieten. Maar om gezond te blijven, zijn lichaamsbeweging en gezond eten noodzakelijke voorwaarden. En dat is niet altijd de eerste keuze vanuit de behoefte aan genot. 'Het nuttige met het aangename verenigen' ... een oud gezegde, een loffelijk streven, maar helaas kan dat niet altijd. De verstandige keuze gaat dus wel eens tegen de eerste impuls in. Gezond tegenover fijn.
Zo is het ook met gedrag. Je kiest voor iets dat minder fijn, leuk, aangenaam of gewenst is, om een doel te bereiken.

Ik ben op vakantie met een goede vriend. Ik weet dat hij van vroeg opstaan, verre tochten en veel culturele uitstapjes houdt. Ik houd daar ook van, maar ik vind vroeg opstaan moeilijk, en wil ik op zijn tijd ook eens lekker op een terrasje zitten.
Na drie dagen ben ik bekaf. Toch stelt mijn vriend 's morgens vroeg – enthousiast – een nieuw uitstapje voor, waar ik bij voorbaat al moe van word. Ik zie zijn teleurstelling als ik zeg dat ik vandaag niet weg wil, maar heerlijk van de zon wil genieten in de tuin van het vakantieadres. Hij probeert me over te halen. Ik raak geïrriteerd, mijn behoefte aan rust wordt niet gerespecteerd en dat vind ik vervelend.

Ik bespeur de neiging hem zijn zin te geven. Hij is dan weer tevreden en alles blijft heerlijk ontspannen tussen ons. Maar ik weet ook dat ik zelf steeds vermoeider en geïrriteerder zal worden. Dat wil ik beslist niet. Ik wil dus bereiken dat ik het naar mijn zin heb. Ik kan niet anders dan hem duidelijk maken dat ik vandaag echt niet weg ga, maar dat ik hem vrij laat om zijn gang te gaan. We hoeven wat mij betreft niet alles samen te doen.
Mijn reisgenoot blijft teleurgesteld. Mijn keuze roept dat op, daar kan ik niets aan veranderen zonder mijn eigen doelen te respecteren. Met andere woorden: ik kan het anderen niet altijd naar de zin maken, zonder mijzelf tekort te doen. Gelukkig besef ik dat zijn teleurstelling tijdelijk is. Er gebeuren nog genoeg prettige dingen die er voor zorgen dat wij ons later weer happy voelen met de manier waarop we de vakantie invulling geven.

Gedrag roept gedrag op. Ik denk aan een film die ik onlangs zag: *American History* .

Derek, een man met extreemrechtse ideeën, belandt in de gevangenis wegens de moord op een zwarte man die hij betrapte bij het stelen van zijn autoradio.
In de gevangenis moet hij samenwerken met een zwarte man; deze persoon zoekt contact met hem en probeert hem aan het lachen te krijgen. Hoewel Derek zich in de eerste instantie verzet tegen de toenaderingspoging, weet zijn medegevangene hem zodanig te bespelen dat hij uiteindelijk wel moet lachen. Het contact is gelegd, het ijs is gebroken. Na verloop van tijd geeft Derek zelfs zijn racistische ideeën op. Het omgaan met mensen die hij voorheen veroordeelde, heeft zijn inzichten veranderd en daarmee ook de doelen die hij wil bereiken. Als hij uit de gevangenis komt, is hij tegenover zijn vrienden heel open over zijn nieuwe inzichten. Hij ontkent de gezamenlijke basis van hun vriendschap; iets dat ze hem niet kunnen vergeven. Derek, die graag een ander leven wil gaan leiden, blijft echter bij zijn standpunt. Ook al betekent dat, dat hij van een heleboel mensen – waaronder zijn vriendin – afscheid zal moeten nemen.

Misschien is een van de moeilijkste opdrachten voor onszelf wel, dat we het idee moeten opgeven dat we altijd beleefd moeten zijn, dat we *altijd* moeten zorgen voor een goede sfeer.

Ik zit rustig te genieten van een glas wijn en een goed boek. Ik heb de hele dag mensen om me heen gehad en ik wil rust. Een buurman belt aan. Hij wil even praten over de lekkage van het dak. Daar moet nu toch echt iets aan gebeuren.
Ik moet beleefd zijn ... heb ik geleerd. Ik kan een verzoek niet weigeren. Ik wil rust ... heb ik besloten. Dan moet ik dit verzoek wel weigeren.

Ik heb keuze uit twee alternatieven:
- *Ik ben beleefd en bespreek de zaken met mijn buurman (misschien wordt het nog heel gezellig).*
- *Ik ben niet beleefd en maak een afspraak met mijn buurman voor een ander tijdstip.*

Natuurlijk is het helemaal niet onbeleefd als ik het mijn buurman vriendelijk zeg, maar ik kan het zelf wel ervaren als onbeleefd. Mijn buurman voelt het misschien ook wel zo. Maar een weigering is niet altijd onbeleefd en onbeleefd is niet altijd onjuist.

Mijn huisgenoot sluit nooit de voordeur goed af. Als ik als eerste thuis kom, is de deur alleen maar dicht getrokken. Ik wil dat we ons allebei verantwoordelijk voelen voor de veiligheid van het huis waarin we wonen. Een onderwerp dat ik al meerdere malen ter sprake gebracht heb. Ik ben het nu zat. Als ze thuiskomt zeg ik: 'Ik wil nu echt dat je de deur voortaan helemaal afsluit! Ik ben het zat om daar overdag over in te moeten zitten.'

Als ik hier vriendelijk en aardig blijf doen, ben ik niet oprecht. Want ik ben boos op haar en dat mag ze ook best merken. Om te bereiken wat ik wil, kan ik niet altijd lief en aardig zijn. Als ik mijn boosheid laat zien, zal dat een reactie bij haar oproepen. Nou ja, dat moet dan maar. Ik wil bereiken dat ze voortaan de deur afsluit.

VOORSPELBARE PATRONEN
Bij iedere subpersoon die ik in dit boek beschrijf, geef ik aan welk gedrag hij oproept bij een ander. Je zult zien dat tussen de verschillende subpersonen voorspelbare patronen ontstaan.

Bijvoorbeeld: de Leider roept bijna automatisch de Volger op en omgekeerd.
Een patroon werkt altijd naar twee kanten. In het hoofdstuk *De logische weg* laat ik je de vier patronen zien. Je ontdekt hoe de Leider de Volger oproept, de Krijger de Rebel, de Arrogante de Stille en de Good Guy de Schat. Ieder patroon heeft zijn eigen karakter. De Leider en de Volger spelen het machtsspel, de Krijger en de Rebel volgen de agressiespiraal. Bij de Arrogante en de Stille is het meester-slaafmodel te ontdekken en de Good-Guy en de Schat doen samen de liefdesdans. Het zijn herkenbare gedragspatronen. Acteurs die je kunt inzetten om je te bereiken wat je wilt. Wie die acteurs zijn, hoe hun karaktereigenschappen in elkaar zitten en wat die gedragspatronen zijn, laat ik zien in de volgende hoofdstukken.

SUBPERSONEN

Het doek gaat open voor mijn acteurs: de subpersonen die ik eerder heb aangekondigd. Ben je al nieuwsgierig? Wie zijn die subpersonen precies? Wat doen ze? Wanneer kun je ze gebruiken? En: hoe kunnen ze je helpen om te bereiken wat je wilt?

Neem mij nou.
Ik heet Bert en ik 'ben' iemand. Wie 'ben' ik dan? Ben ik zoals anderen mij kennen? Mensen kennen mij als collega, als vader, als echtgenoot, als trainer, als wandelmaatje, als auteur van boeken, als klant in een winkel, of nog op een andere manier. In al die rollen zul je mij nog steeds herkennen als Bert, maar er zijn ook verschillen te zien.

Zo was ik als vader van kleine kinderen soms streng en waarschijnlijk ook vervelend; soms was ik juist weer heel zachtmoedig en vriendelijk.
Als collega ben ik soms streng en een andere keer zachtmoedig en vriendelijk. Hoewel ik hier dezelfde woorden gebruik, ziet mijn strengheid of mijn zachtmoedigheid er in beide situaties anders uit en ligt de verhouding streng/mild anders. Stel dat ik zachtaardig zou zijn tegen mijn collega's zoals ik dat tegen kleine kinderen ben. Ze zouden raar opkijken. Ik noem deze verschillende soorten rollen *subpersonen*. De term 'subpersoon' is ontleend aan Roberto Assagioli (zie hoofdstuk *Achtergronden*).

In Kees van Kooten en Wim de Bie bewonder ik het talent voor het neerzetten van typetjes. Zij kunnen verschillende delen van hun persoonlijkheid fantastisch uitspelen. Elke typetje is herkenbaar, doet totaal andere dingen, gedraagt zich op een eigen maar herkenbare manier.

Toch zijn het steeds Van Kooten en De Bie die de typetjes spelen. Wie hun boeken leest, ontdekt dat de karakters uit de sketches soms ook in hun privé-leven opduiken. Als je op die manier naar de sketches kijkt, zie je dat mensen als het ware uit verschillende subpersonen 'bestaan' en dat elk subpersoon bepaalde eigenschappen vertoont.

Er is *niemand* die volledig samenvalt met een bepaald subpersoon. Mensen zijn unieke wezens, die allemaal hun eigen 'palet' aan mogelijkheden hebben. Wel heeft iedereen zo zijn of haar voorkeuren. De kunst is om die voorkeuren effectief te gebruiken, maar niet te laten doorschieten. Iemand die goed kan praten kan een veelprater worden. Heb je daar ook zo'n hekel aan? Of ben je er zelf een? Of beide? Ik soms wel.

Het doel van het werken met subpersonen in dit boek is, dat je in bepaalde situaties voor bepaald gedrag kunt kiezen. Dat je anders gaat kiezen, en een keuze maakt die wellicht niet je eerste keuze zou zijn, maar waarmee je beter bereikt wat je wilt. Je kunt dat een scenario noemen. Een vooraf bedachte aanpak van een bepaalde situatie. Bij elk van de subpersonen in de volgende hoofdstukken noem ik steeds de naam van het scenario dat bij deze subpersoon past.

Je wilt dat een klein kind je volgt. Je probeert het kind te overreden, maar het heeft allerlei bezwaren. Op een gegeven moment sta je op en loop je weg. Het kind wacht even, huilt misschien, maar staat op en rent je achterna.

Je eerste impuls is praten. Je bent de verantwoordelijke volwassene. Ongemerkt laat je die verantwoordelijkheid los en loop je – letterlijk – van de situatie weg. Je zou dit twee verschillende aspecten van jou als volwassene kunnen noemen, zeker in de ogen van het kind. Het kind reageert verschillend op die twee aspecten.

Toen mijn dochter nog een baby was, werd ze vaak 's nachts wakker. Mijn vrouw en ik raakten uitgeput door die nachtelijke huilbuien. Iemand zei toen tegen me: je moet haar gewoon een keer door laten huilen, dan houdt ze er vanzelf mee op. Na lang aarzelen legden we haar te slapen in een kamer waarvandaan we haar niet konden horen. Halverwege de nacht werd ik wakker en schrok. Ik had al uren geslapen en nog geen huilend kind gehoord. Zou er iets gebeurd zijn?? Ik rende naar haar bedje waar ze rustig lag te slapen.

Zowel kinderen als volwassenen reageren op situaties. Als ik maar blijf praten, terwijl het kind tegendraads wil zijn – voor hun ontwikkeling is dat soms ook gewoon nodig – dan bied ik alle gelegenheid om tegendraads te zijn. Als ik zwijg en wegloop, reageert het kind daarop: omdat het afhankelijk van mij is, loopt het mij vanzelf achterna.
En zo bereik ik wat ik wil door een andere koers te varen: een andere subpersoon te kiezen met een ander soort gedrag.

Subpersonen hebben ieder verschillende eigenschappen en ieder hun eigen scenario. Waarschijnlijk zul je – al lezend – tot de conclusie komen dat je verschillende van deze subpersonen herkent bij jezelf. Daarnaast zul je ongetwijfeld scenario's tegenkomen die je tegenstaan. Daarvan zeg je: 'Zo ben ik niet en zo wil ik ook niet zijn.'
Je ontdekt eigenschappen bij jezelf die je mogelijkheden om te bereiken wat je wilt, aanmerkelijk vergroten. De subpersonen die je goed liggen, leer je beter in te zetten en de subpersonen die je tegenstaan, leer je beter kennen en waarderen.

We pakken dat stap voor stap aan:
- Eerst stel ik je voor aan negen subpersonen die bij elkaar het hele spectrum van mogelijkheden vertegenwoordigen. Acht van hen ontlenen hun kenmerken aan onderzoek van de Amerikaanse psycholoog Timothy Leary (zie hoofdstuk *Achtergronden*). De negende is ontleend aan de boeken van Marten Toonder.
- Je gaat na welke van deze subpersonen je bij jezelf herkent en in hoeverre je ze inzet om te bereiken wat je wilt. Anders gezegd: welk scenario volg je?
- Je gaat na welke subpersonen bij jou ontbreken. Ik laat je zien hoe je deze nog 'slapende' delen van je persoonlijkheid kunt ontwikkelen.

Dit boekje is een hulpmiddel. Neem een situatie die je lastig vindt, kijk naar je repertoire aan subpersonen en kies er een paar uit met wie je samen de situatie te lijf gaat. Dat is een nuttige en boeiende bezigheid. Niet altijd leuk, maar vaak met een bevredigend eindresultaat: ik heb bereikt wat ik wil!

Mijn advies: maak van de subpersonen je vrienden. Vrienden zijn metgezellen voor het leven. Je wilt ze graag goed leren kennen. Ze kunnen je adviseren in situaties waarmee jij niet goed raad weet. Vrienden zijn niet altijd bij je, maar je kunt ze opbellen als je ze nodig hebt. Aan sommige vriendschappen moet je werken, ze komen niet zomaar aanwaaien. Andere vrienden zijn er 'altijd al'. Het lijkt wel of ze een deel van je zijn: ze zijn 'vanzelfsprekende' vrienden. Zo is het ook met subpersonen: de een ligt je beter dan de ander.

Sommige subpersonen ken je al je hele leven. Je bent bijvoorbeeld zeer regelmatig een goede hulp voor iemand die steun zoekt, of je bent vaak de criticus die bezwaren aantekent, die tegendraads kan zijn. Misschien ben je een goede leider, die de zaken aanpakt voordat anderen het initiatief nemen. Andere subpersonen ken je veel minder goed. Je bent bijvoorbeeld eerder stil en teruggetrokken dan dat je het voortouw neemt. Of je houdt je gevoelens liever voor je. Sommige subpersonen zijn eerder je vijand dan je vriend. Toch kun je ook die subpersoon hard nodig hebben! Mijn advies is: maak van die vijand je vriend.

Ik liet vroeger altijd iedereen voorgaan als we met meerdere mensen door één deur moesten. Nu ga ik soms bewust als eerste en het aardige is, dat ik er blijkbaar niemand mee benadeel. Iets waar ik vroeger bang voor was.

Het is nog een hele klus om de negen subpersonen goed uit elkaar te houden. De verschillen zijn niet altijd even makkelijk te herkennen. Vandaar dat ik heb gezocht naar duidelijke voorbeelden.

De dierfiguren uit de avonturen van Olivier B. Bommel van de Nederlandse auteur-tekenaar Marten Toonder vertonen stuk voor stuk karaktertrekken die iedereen herkent. Deze stripfiguren geven elk – op een schitterende manier – de meest belangrijke eigenschappen weer die bij een van de subpersonen horen. Wie ze beter wil leren kennen, raad ik van harte aan de boeken te lezen.

Ik voer personages op uit de literatuur, filmwereld en politiek. Ze laten in bepaalde situaties verschillende eigenschappen van de subpersonen zien. Zo schets ik een beeld van elke subpersoon, en kun jij besluiten ermee bevriend te raken.

Denk nog even aan het hoofdstuk *Gedrag roept gedrag op*. Als je met een chagrijnig gezicht op een verjaardagsfeestje zit, zal niemand zich geroepen voelen een praatje met je te maken. Als je contact wilt, heb je een ander scenario nodig. Aandacht van anderen roep je op door aandacht aan anderen te geven. Door vriendelijk en met een lach op je gezicht rond te lopen, worden de kansen op een praatje een stuk groter.

KARIKATUREN

Soms ben je zo vertrouwd met een bepaalde subpersoon, dat hem je in de meeste situaties tevoorschijn laat komen, ook als je daarmee totaal niet bereikt wat je wilt.

Ik wil graag naar muziek luisteren. Ik heb een drukke week en dit is mijn enige vrije avond. Ik zit eindelijk lekker te luisteren en ik weet dat ik er goed aan doe deze avond rustig door te brengen, zodat ik de rest van de week weer goed aan kan.
Plotseling word ik gestoord door het enorme lawaai van een machine bij de buren. Ik ren naar mijn buurvrouw. Zij is begonnen met het leggen van een nieuwe parketvloer. Elke vijf minuten moet ze een plank op maat zagen en ze is net begonnen! Het is half tien in de avond. Ik vraag: 'Buurvrouw, wat ben je aan het doen?' 'Ik leg mijn nieuwe parketvloer', zegt ze trots. Zij toont mij uitgebreid haar nieuwe bezit en voegt eraan toe dat ze morgenavond klaar wil zijn, als haar man terug komt van een paar dagen weg. Zij schrikt opeens als ze zich realiseert dat ze niet heeft overlegd met mij, de buurman. Ik wil graag terug naar mijn stereo,

maar nee, ik kan het niet over mijn hart verkrijgen. Ik ga zelfs niet terug naar mijn eigen huis, ik bied haar aan om te helpen!
Om half drie 's nachts kom ik bekaf thuis in de wetenschap dat ik de volgende dag weer vroeg aan het werk moet. Ik heb spijt dat ik mijn rustige avondje heb laten schieten. Ik weet niet hoe ik dat morgen aan moet pakken.

Mijn hulpvaardigheid is natuurlijk niet verkeerd. Ik heb iemand geholpen en nog wel mijn buurvrouw, die ook wel eens iets voor mij doet. Maar ik heb het tegendeel bereikt van wat ik wilde. Wat erger is, ik zou in dergelijk situaties ook niet anders kunnen. Ik *kies* niet voor mijn hulpvaardigheid, ik *moet* als het ware helpen. Ik verval in een bijna onvermijdelijk gedragspatroon, een karikatuur van het hulpvaardige deel van mijn persoonlijkheid.
Elke subpersoon kent deze karikaturen. Er is geen sprake van een heldere keuze, het lijkt wel of ik die subpersoon *ben*, ook als ik daardoor absoluut niet bereik wat ik wil. Ik besteed aan het slot van elk hoofdstuk aandacht aan de karikatuur van de subpersonen.

En dan stel ik je nu voor aan een bont gezelschap: de subpersonen!

DE LEIDER

Het leidersscenario: ik neem het initiatief

De Leider treedt uit zichzelf op. Hij wacht niet af, maar doet wat hij wil doen. Hij is actief, neemt het initiatief, geeft advies. Deze houding geeft hem een bepaalde mate van macht. Allereerst is daar zelfvertrouwen voor nodig. De Leider heeft nagedacht over wat hij vindt dat goed is en geeft daarover helderheid aan anderen. Hij draagt verantwoordelijkheid voor wat hij ermee teweeg brengt. Op die manier kan hij de macht die hij heeft verworven, goed hanteren. De Leider heeft ook kennis van zaken. Hij weet waarover hij praat en deelt die kennis met anderen. Hij verwacht daarbij dat de ander aanneemt, dat wat hij zegt juist is. Het liefst wil hij dat anderen hem vragen stellen, zodat hij nog meer kennis kan delen. Hij houdt op die manier ook de controle over de communicatie.
Als je de Leider wordt, zul je merken dat mensen je makkelijk zullen volgen (zie *De Volger*). Probeer maar uit.

Als Leider kijk je mensen aan, spreek je helder en duidelijk en zorg je ervoor dat de ander weet wat je wilt, wat je bedoelt en wat je verwacht. Je houding is opvallend, anderen kunnen je goed horen en zien.

VOORBEELDEN
Echte Leiders zijn mensen als *Nelson Mandela* en *Ghandi*. Het zijn mannen met een zeer eigen en duidelijke visie. Ze zijn in staat deze visie over te brengen op anderen en roepen beiden veel respect op bij grote groepen mensen.

Sommige leraren of leraressen zijn echte Leiders. Zij kunnen zonder te straffen orde in de klas handhaven en geven hun leerlingen goede adviezen als ze ergens zelf niet uit kunnen komen. Zij geven steeds duidelijk aan wat zij van hun leerlingen verwachten.
In films zien we ook Leiders: koning Arthur in *The First Knight* (gespeeld door Sean Connery) bijvoorbeeld. Hij is de onbetwiste Leider, die vol zelfvertrouwen leiding geeft aan zijn Ridders van de Ronde Tafel.
Deze film laat ook zien dat de Leider van rol kan veranderen. Als Ridder Lancelot (gespeeld door Richard Gere) een verhouding blijkt te hebben met de vrouw van Koning Arthur, verandert hij van de rechtvaardige, barmhartige Leider in een streng straffende vorst.
Hij wordt de Arrogante en tenslotte de Krijger, die de strijd met zijn rivaal aangaat om zijn eigen belangen te beschermen.

Ook in het dagelijks leven is zo'n rolverandering soms noodzakelijk.

De kinderen in mijn klas zijn onrustig. We gaan morgen met schoolreisje en dat is natuurlijk heel spannend! Ik maan de kinderen tot orde. Ik leg ze uit dat we vandaag veel moeten doen, om morgen fijn op schoolreisje te kunnen gaan. Ze luisteren daar wel even naar, maar na een kwartier is het een chaos. Ik laat ze maar eventjes begaan.
Dan wordt het me te dol. Klei vliegt door de klas, het is zo'n lawaai dat ik de docent van het naastgelegen lokaal al eens bezorgd naar binnen heb zien gluren. Ik besluit het eens met de Arrogante te proberen.
Ik sta op en geef een harde brul. Stilte!! Ik bepaal dat we NU aan iets anders gaan beginnen en dat ik het volgende half uur niets meer wil horen.
Het is muisstil.

Als de Arrogante niet helpt, kan ik de Krijger mobiliseren, en straffen uitdelen. De Leider moet soms samenwerken met minder milde subpersonen.
Soms kan de Leider ook heel goed samenwerken met de Good Guy.

Mijn rij-instructeur was een strenge man. 'Koppeling aan de voet!', zei hij altijd. Hij had een zeker gevoel voor humor, maar hij was ook duidelijk de Leider. Dat was maar goed ook. Ik wilde immers wat van hem leren. De laatste les was anders. 'Waar zullen we eens heen gaan?' vroeg hij. Ik zei: 'Laten we even naar mijn zus rijden, daar moet ik nog iets ophalen.' 'Prima!', zei hij, 'Dat is een uitstekend idee.' We hebben de hele weg over allerlei onderwerpen zitten kletsen. Zo af en toe gaf hij wat hulp bij situaties die ik nog wat lastig vond. Eén keer greep hij in. Ik keek niet goed in mijn achteruitkijkspiegel. 'Pas op, als je voor je examen wilt slagen, kun je je dergelijke slordigheden niet veroorloven!' De Leider was weer even terug. Verder gedroeg hij zich als de Good Guy, want wat hij als Leider wilde bereiken was bereikt: ik kon het!

Zoals al eerder gezegd: in de vele avonturen van Heer Bommel en Tom Poes lopen allerlei typetjes rond die eigenschappen van onze subpersonen vertonen. Eén van hen is de burgemeester van de woonplaats van heer Bommel, Rommeldam. Zijn naam is Dickerdack. Hoewel je van de burgemeester zou verwachten dat hij de Leider is, wordt er niet echt naar Dickerdack geluisterd. Een echte Leider heeft diverse soorten macht. De belangrijkste is persoonlijke macht. Hij straalt gezag uit en vertrouwen. Daarnaast is een bepaalde mate van formele macht belangrijk: de positie die iemand heeft toebedeeld gekregen door zijn omgeving. Dickerdack is een voorbeeld van een Leider met louter formele macht. Iedereen accepteert hem, omdat er nu eenmaal iemand de leiding moet hebben. Hij is echter geen gezaghebbende figuur, geen echte Leider. Dickerdack neemt geen initiatieven en is geen aardig persoon. Hij neemt anderen niet serieus. We zeggen ook wel: hij heeft geen charisma. Als je de rol van de Leider kiest, zorg dan dat je leiderschap uitstraalt. Kijk mensen aan, luister naar ze, neem ze serieus. Ik geef je het advies: hou van mensen en laat hen dat merken.

Wanneer kies je voor de Leider?

Het leidersscenario is een heel goede keuze als jij degene bent die weet wat goed is voor de groep, als je ideeën hebt, als je weet wat je moet doen.

Je bent op een feest. Het is een beetje saai en je besluit wat leven in de brouwerij te brengen. Je zet een stevig dansnummer op, zoekt een partner en begint te dansen. In de meeste gevallen zul je een behoorlijk aantal volgelingen hebben; bovendien zullen mensen tegen je zeggen: 'Goed idee!' Leiders krijgen vaak waardering.

De Leider is een goede vriend als iemand anders hem om raad vraagt en hij weet een oplossing, of hij heeft het inzicht over die oplossing na te denken.
De Leider helpt je ook om succes te hebben. Wanneer je krachtig kunt optreden, krijgen anderen vertrouwen in je. Ze zullen je daarom ook volgen, vooral als zij zelf niet zo zeker van hun zaak zijn.

Ik maak een lange wandeltocht met een vriend. Hij is gewend aan lange tochten, ik niet. Door zijn jarenlange ervaring weet hij op allerlei kleine problemen raad. Ik volg hem zoveel mogelijk, ik accepteer hem als Leider op deze tocht. Ik ben de Volger.

KARIKATUUR

Als de Leider de overhand krijgt, kan hij heel vervelend zijn. Hij weet altijd precies hoe de vork in de steel zit, heeft altijd het hoogste woord en behandelt je als een klein kind. 'Snap je?', zegt hij voortdurend, nadat hij je weer een of andere wetenswaardigheid heeft verteld waar je nou net niet op zat te wachten.
Ook de 'leuke oom', die altijd flauwe grapjes maakt en op elke verjaardag de boventoon voert, zou je een karikatuur van de Leider kunnen noemen.
Karikaturale Leiders roepen in eerste instantie volgzaam en luisterend gedrag bij je op, maar al snel slaat dat om in irritatie.

Nog erger is de Leider die misbruik maakt van zijn macht. De Volgers worden gemanipuleerd, denken dat de Leider het goed met ze voor heeft, maar dat is niet zo. Met zijn vriendelijke, beminnelijke optreden leidt hij zijn volgelingen om de tuin.
In het hoofdstuk *De logische weg* kom je een wrang voorbeeld tegen van de karikaturale Leider die niet met macht kan omgaan.

DE ARROGANTE

Het competitiescenario: ik bepaal wat er gaat gebeuren

De Arrogante heeft genoeg aan zichzelf. Hij wil dat anderen hem gehoorzamen of tegen hem opzien. Hij bekommert zich niet om die ander. Dat zal dit gedrag ook vrijwel zeker oproepen: gehoorzaamheid of zelfs terugtrekken, gedrag dat past bij de Stille.

Wij zijn op vakantie. Mijn zoon en dochter zijn samen in het zwembad. Mijn zoon begint zijn zus op een gegeven moment een beetje te plagen: water in haar gezicht, dan een keertje onderduwen. Ze begint te protesteren. Maar haar verdediging werkt averechts, hij wordt steeds wilder. Dan plotseling zegt ze kort en heftig: 'En nou ophouden, ik wil dit niet!' Haar gezicht staat even op onweer: de bliksem kan inslaan. Haar broer houdt onmiddellijk op. Hij is wel even uit het veld geslagen en kijkt wat aangeslagen, maar na een poosje zijn de twee het voorval vergeten.

Een arrogante houding is: hoofd naar boven gewend, rechtop, schouders naar achteren, recht aankijken – of juist niet, iemand negeren is heel arrogant, zeker als je iets gevraagd wordt.

De Arrogante praat hard, gebiedend en stellig. Hij spreekt anderen tegen zonder daarvoor excuses aan te bieden. De Arrogante presenteert zichzelf als zeer belezen en buitengewoon boeiend. Als hij niets te zeggen heeft, houdt hij zijn mond, maar kijkt wel bedenkelijk bij alles wat anderen zeggen.

Het belangrijkste verschil met de Leider is, dat de Arrogante onverschillig staat tegenover hetgeen hij oproept bij anderen. Hij is alleen met zichzelf bezig, terwijl de Leider de Volger nodig heeft.

VOORBEELDEN

Een prachtig voorbeeld van dit gedrag kan *Adriaan van Dis* vertonen. Zelfs in moeilijke interviews, zoals in het programma *Zomergasten*, waarin de interviewer soms op de proef wordt gesteld, blijft hij – met een minzaam lachje – recht overeind. Hij gaat nooit af.
Een prachtige uitzending vond ik die met Youp van 't Hek. Deze cabaretier daagde de presentator uit te vertellen over zijn Gooise verleden. Van Dis wilde dat niet, en gaf op geen enkele manier toe. Hij bleef de touwtjes in handen houden, ondanks het feit dat Van 't Hek hem – geheel in diens stijl – met het nodige cynisme aan de tand voelde.
In dit voorbeeld kiest Van Dis voor de goede subpersoon. Hij is de interviewer en tegenover mensen die zich eveneens niet laten inpakken, is arrogantie een uitstekende positie.

In de Bommelverhalen is *markies De Canteclaer* het prototype van deze subpersoon.
De markies bekijkt alles vanuit zijn hoge positie. Niemand kan tippen aan zijn stijl en klasse. Hij heeft altijd zijn hoofd omhoog gewend en kijkt neer op wat hij noemt: het gepeupel, het gemeen: de 'gewone' mensen.
De markies kiest zijn vrienden ('amices') zelf uit. Zolang ze zijn belangen dienen, vallen ze in Zijn Genade, maar zodra dat niet meer het geval is, vallen ze onmiddellijk terug naar beneden.

Herman Koch, Kees Prins en Michiel Romijn zetten in het tv-programma *Jiskefet* de *lullo's* neer. Met name Kees Prins speelde fantastisch de arrogante, niemand ontziende eeuwige student die tegen iedereen grof is en met zijn bekakte stem iedereen te kijk probeert te zetten. Een karikatuur die iemand alleen kan spelen als hij de Arrogante echt begrijpt.

Voor de voetballiefhebbers: trainer *Louis van Gaal* gedraagt zich soms heel arrogant. De manier waarop hij met de pers omgaat is een en al Arrogantie. Let eens op zijn lichaamstaal:

kaarsrecht, met opgeheven hoofd, doordringende blik. Let ook op zijn taalgebruik: recht op de man af, zeer overtuigd van zijn gelijk en vaak cynisch.

Soms hoeft de Arrogante maar heel eventjes op te treden. Een mooi voorbeeld daarvan zag ik in *Dances with Wolves*, een film over een Amerikaanse militair die in contact treedt met Indianen, in een tijd waarin de onderdrukking van dit volk in volle gang was.

Op een goed moment wordt de militair (gespeeld door Kevin Kostner) uitgenodigd in de tent van een indianenhoofdman. Als tolk is de geadopteerde dochter van deze hoofdman bij het gesprek aanwezig, omdat zij als blank meisje in de stam is opgenomen en dus nog een beetje Engels spreekt. Het stamhoofd is verschrikkelijk nieuwsgierig naar wat de militair te vertellen heeft en het duurt hem allemaal veel te lang. Hij vraagt dus maar door, terwijl de vrouw erg haar best doet de woorden van de militair te begrijpen. Dan plotseling is zij het aandringen van haar stiefvader beu. Ze verandert een kort moment in een furie en bijt de hoofdman toe dat hij moet wachten. De krachtige, machtige hoofdman gehoorzaamt onmiddellijk.

Je ziet dat de term 'arrogant' hier op z'n plaats is. Als je dit competitiescenario volgt, krijg je automatische iets arrogants over je. En dat kan best lekker zijn.

Wanneer kies je voor de Arrogante?

De Arrogante heb je nodig als je merkt dat iemand je tegen je zin overheerst.

Ik wil een pak kopen. De dame in de winkel is zeer vriendelijk: ze komt met van alles en nog wat aandragen. In het begin vind ik dat wel prettig, want ze toont me veel moois (en duurs!) en geeft bovendien adviezen die me aan het denken zetten.
Dan merk ik dat ik al voor bijna 700 euro kleding heb gekozen en dat is helemaal niet mijn bedoeling. Vanuit haar deskundigheid en met haar dominante gedrag heeft ze me bijna zo

gek gekregen om dat geld uit te geven. Ik besluit de Arrogante in stelling te brengen. 'Mevrouw, ik wil dat u voor mij deze kleren weer terugneemt – ik geef haar de meeste kleren terug – en dat u nog een paar overhemden laat zien die bij dit pak passen, want dat wil ik hebben.' Haar spel is uitgespeeld. Haar overdreven vriendelijkheid verdwijnt onmiddellijk. Ze doet braaf wat ik wil en ik ga tevreden naar huis.

Met de leidende persoonlijkheid die zij speelt in haar rol als verkoopster is niets mis. Deze rol roept bij mij volgend gedrag op, maar dat is niet wat ik wil bereiken. Ik wil een pak en niet een hele garderobe. Het competitiescenario zorgt voor een ander spel. Ik bereik wat ik wil: de juiste kleren afrekenen.

KARIKATUUR

Als je de Arrogante overdrijft, krijg je iemand die zich totaal niet interesseert voor zijn medemens, die zichzelf geweldig vindt en de ander als het ware onderdrukt. Elke vorm van onderdrukking van mensen is een gevolg van overheersing. In een dictatuur zijn de mensen gehoorzaam aan de strenge wetten en spreken zich niet uit. Ondergronds – dus niet openlijk – bouwen de moedigen aan een verdediging of zelfs aanval. Zoals we zullen zien in het volgende hoofdstuk *De Krijger* lokt de aanval weer agressie uit bij de onderdrukkers.

DE KRIJGER

Het agressiescenario: ik val aan

De Krijger straft of valt aan. In de praktijk betekent dat hij zich bijvoorbeeld in felle bewoordingen uitspreekt over een situatie of anderen aanpakt die iets doen wat hem niet bevalt. De Krijger toont agressie, zonder noodzakelijk agressief te worden. Agressie zit hem al in een blik, een korte zin of een gebaar. Een definitie van agressie is: je eigen plaats innemen in de wereld, als het moet ten koste van anderen.

De Krijger zegt: 'Ik vind het vervelend dat je me steeds in de rede valt!' De Krijger kijkt de ander daarbij recht in de ogen en is ernstig. Een glimlach of een al te vriendelijke blik maakt de boodschap gemakkelijker te zenden, maar ook gemakkelijker te negeren.

De Krijger is aanvallend, confronterend, niet vriendelijk en weet wat hij moet doen om zijn doel te bereiken. Hij schroomt niet daarbij zijn stem flink te laten horen. Ook zijn gebaren kunnen fel zijn, hoekig.

Als ik vroeger piano speelde, sloop mijn zusje zachtjes naar de piano en sloeg dan plotseling zomaar ergens een toets aan. Ze heeft menige tik van me gekregen, soms zat ik haar tot in haar kamertje achterna om haar alsnog te pakken te nemen.

Mensen kunnen ons 'het bloed onder de nagels vandaan halen'. Dat is niet voor niets een uitdrukking die verwijst naar geweld. Agressie kan in korte tijd flink toenemen.

Dit agressieve gedrag roept bij de ander verdediging op (zie *De Rebel*). Dat is in principe heel goed. Als we de geschiedenis van de mens nagaan, zien we talloze situaties waarin volken werden aangevallen of konden worden aangevallen. Op vakantiereizen naar het buitenland, maar ook in Nederland, zie je overblijfselen van verdediging tegen agressie: fortificaties met dikke muren, wapens, bunkers, kastelen met grachten eromheen.

En zo is het ook met mensen onderling. Aanval leidt tot verdediging.

Mijn zusje ging naar mijn ouders en riep: 'Hij heeft me geslagen!' – met een droevige snik in haar stem, of zelfs met traantjes op haar wangen. Mijn moeder kwam vervolgens boos naar mij toe: 'Heb jij je zusje geslagen?' Ik verdedigde mij dan onmiddellijk: 'Ja, maar zij begon!' Mijn moeder werd erg boos en ik ook. We kregen onvermijdelijk ruzie.

De Krijger valt aan om de ander uit te schakelen, de Arrogante commandeert om de ander tot gehoorzaamheid te dwingen. De Krijger roept verdediging op, terwijl het gedrag van de Arrogante tot gehoorzaamheid en verwijdering of afstand leidt.

VOORBEELDEN

Een groot gedeelte van het filmaanbod valt onder de categorieën 'actie' of 'thriller'. In beide genres speelt geweld een belangrijk rol. Kennelijk hebben we behoefte aan agressie, aan spanning, aan opwinding. Maar omdat op agressief gedrag een taboe rust – en dat is maar goed ook – moeten we een alternatief vinden om onze eigen agressie te kanaliseren. Laten we dus maar liever naar Bruce Willis kijken, of Arnold Schwarzenegger, of een van hun vele collega's.

Minder extreme voorbeelden van agressie in films zijn wat moeilijker te vinden. Agressie speelt in bijna elke conversatie.

Ik schrijf dit hoofdstuk tijdens mijn vakantie in Tsjechië. Ik heb zojuist een kop koffie gemaakt terwijl de anderen nog heerlijk liggen te slapen. Ik zit net achter mijn laptop ... als er op de deur wordt geklopt en aangebeld. De eigenaresse van mijn vakantiehuisje staat met een stralend gezicht voor de deur. Ze wil weer eens, in haar beste Duits een kletspraatje met me maken. Ik zie mijn heerlijke schrijfuurtje verdwijnen.
Ik kan niet tegen haar zeggen dat ik nu geen tijd heb, want dat verstaat ze niet. Toch wil ik deze ontmoeting zo kort mogelijk houden en verder met mijn boek en terug naar mijn lekkere koffie.
Zonder woorden, maar met lichaamstaal, zonder haar binnen te vragen en niet te diep in te gaan op haar vragen, weet ik haar kort te houden. Ik zie aan haar dat ze dat niet leuk vindt: ze wil haar gastvrijheid de volle ruimte geven, ze wil bereiken dat ik haar binnen laat, dat ik haar prijs om haar geweldige huis, zodat ik, terug in Nederland, reclame maak. En ik begrijp haar heel goed. Ik respecteer haar doelstelling ook. Maar nu wil ik mijn eigen doelen bereiken, anders ben ik iedere dag bezig haar doelen te verwezenlijken.

Deze subpersoon is niet de makkelijkste. In de eerste plaats wordt hij niet sympathiek gevonden en dat merk je onmiddellijk aan de reactie van de ander. Zo'n reactie heeft bij mij een nawerking. Ik voel me nog een tijdje onbehaaglijk, nu ik deze overvriendelijke vrouw zo onvriendelijk heb behandeld. Het is niet altijd leuk de Krijger ten tonele te voeren. Toch heb je hem van tijd tot tijd hard nodig.

Wanneer kies je voor de Krijger?

Onder mijn huis is een garage. Heel vaak staan er auto's op de stoep. Ik berust daar zonder problemen in, want ze staan me niet in de weg. Soms staan de auto's zo dicht tegen de ingang van mijn huis, dat ik er bijna niet uit kan. Ik stap naar de garagehouder toe en zeg: 'Ik wil graag normaal mijn huis in en uit kunnen en dat gaat op deze manier niet. Wil je de auto's voortaan wat verder van mijn deur af zetten?' Hij reageert eerst quasi-verbaasd:

'Volgens mij kun je er makkelijk door!' Ik wil het hem zelf laten proberen. Hij sputtert eerst nog tegen: 'Nee, ik zet hem zo voor je weg', maar daar neem ik geen genoegen mee. 'Nee', zeg ik, 'Ik wil dat je me gelooft.' Hij gaat mee en constateert dat ik gelijk heb.

Ik zet eerst de Krijger in. Dat doe ik om te bereiken dat de garagehouder ziet dat het mij menens is. Daarvoor is een lichte agressie nodig. De garagehouder reageert met een lichte verdediging – 'Volgens mij kun je er makkelijk door'. Ik wil geen conflict. Ik schuif nu op naar de Arrogante, want ik wil bereiken dat hij doet wat ik wil: 'Nee, ik wil dat je me gelooft.'

Als hem duidelijk is dat ik niet overdreven heb, wil ik nog bereiken dat onze verstandhouding goed blijft, hij is tenslotte mijn buurman en bovendien is het een heel aardige vent. Ik zeg: 'Snap je dat ik hierover zeur? Wil je er alsjeblieft een beetje rekening mee houden? Als ik nou iets slanker was, maar ja ...' Hij lacht en ik heb nog maar zelden een auto dicht bij mijn deur. Als het gebeurt en hij merkt het, zet de garagehouder hem uit zichzelf weg.

Na de minder leuke boodschappen is er meestal nog wel ruimte voor wat vriendelijkheid en aandacht. Dat maakt dat kritiek en het omgaan met conflicten niet tot problemen hoeven te leiden. Vaak willen we echter te snel naar een goede sfeer toewerken. En dat werkt niet. Mensen ontkrachten een kritische opmerking door een vriendelijke glimlach, afzwakkende woorden als 'even', 'een beetje', 'eigenlijk' of 'misschien'.

'Misschien zou je je auto daar even willen weghalen, buurman?' 'Nee, Van Dijk, dat gaat nu niet, je kunt er makkelijk door.'

Als ik wil bereiken dat de ander mijn kritiek serieus neemt, zal ik allereerst serieus moeten nemen wat ik zelf wil bereiken. En dat begint bij de ruimte die ik nodig heb om mijn eigen huis in en uit te komen!

Ik had een loodgieter laten komen, want de riolering van ons huis was hopeloos verstopt. Een paar luidruchtige kerels kwamen het klusje klaren. In mijn eigen huis werd ik volkomen onder de voet gelopen. De heren richtten zich alleen tot mij om mij de kraan open en dicht te laten draaien (... en als het kan ook nog een kopje koffie).

Nu, jaren later, herinner ik mij dat voorval nog, omdat ik me zo vernederd voelde. Ik had mijn agressie niet getoond, en stelde me afhankelijk op tegenover deze onbehouwen vaklui. Ik had mijn agressie kunnen laten zien door bij binnenkomst de regie in handen te nemen: 'Hier is het toilet, hier is de kraan en ik hoor het graag als de klus geklaard is. Dan wacht u een heerlijke kop koffie, heren. Veel succes!'
Het zou voor deze loodgieter nu een stuk moeilijker zijn geweest in mijn huis de regie over te nemen.

De Krijger is een subpersoon die je helpt te bereiken wat je wilt als je tegenwerking ondervindt. Agressie is nodig om jezelf duidelijk 'op de kaart te zetten', als dat door anderen wordt belemmerd. Anders gezegd: om te bereiken dat een ander mijn grenzen accepteert, zal ik een bepaalde mate van agressie nodig hebben. Hoever ik daarin ga, hangt af van de hoeveelheid tegenwerking die ik ondervind.

KARIKATUUR
Als de Krijger de overhand krijgt, ontstaat puur geweld. Onnodig kwetsend, niet voor rede vatbaar, woedend, briesend gaat hij tekeer. Om het beeldend te beschrijven kun je ook zeggen: de Krijger wordt soldaat, moordenaar, crimineel. Helaas lees je bijna dagelijks in de krant dat er nogal wat karikaturen van de Krijger rondlopen.

DE REBEL

Het weerstandsscenario: ik protesteer

De Rebel is tegendraads. Hij valt niet aan, maar verdedigt zich tegen anderen, ook als hij door zijn protest niet direct gewaardeerd wordt. De Rebel luistert naar wat de anderen te zeggen hebben, maar doet dat vooral om zijn eigen mening aan te scherpen. Hij luistert, analyseert en denkt ondertussen na over zijn tegenwerping.
De Rebel is in de regel snel boos en steekt dat niet onder stoelen of banken. Hij is fel en scherp als hij het ergens niet mee eens is. Hij laat zich niet door anderen overheersen, althans dat wil hij niet. Het deert hem niet dat zijn gedrag nogal eens agressie oproept bij anderen. Dat maakt hem zelfs nog tegendraadser.
Zijn uitgangspunt is wantrouwen. Met andere woorden: de Rebel vertrouwt niemand, tenzij het tegendeel bewezen is.

De Rebel verdedigt zich, de Krijger valt aan. Als hij met de Krijger in een agressiespiraal terecht komt (zie het hoofdstuk *De logische weg*) kunnen de rollen snel omdraaien. Het spel van aanval en verdediging wisselt razendsnel, om beurten zijn de twee aanvaller en verdediger, Krijger en Rebel. En dat noemen we dan ruzie, strijd of oorlog.

Bij dit gedrag past geen glimlach. De Rebel gedraagt zich een beetje chagrijnig en zo'n gezicht hoort er ook bij. Mensen om hem heen vinden dat meestal niet prettig. En in onze cultuur is dat zonder meer een nadeel. De logische reactie op de Rebel kan nadelig uitwerken. Rebellie roept al snel agressie op.

Oom Piet kwam vroeger vaak bij ons over de vloer. Hij wist overal altijd alles van en wat hem helemaal bijzonder maakte: hij was het nooit met je eens. Als ik hem over school vertelde zei hij steevast: 'Goed, maar ...' en dan volgde een heel verhaal waaruit bleek dat ik er helemaal niets van begrepen had. Oom Piet zou wel eens even uitleggen hoe de vork werkelijk in de steel zat! Ik weet nog goed dat mijn nekharen al rechtovereind gingen staan als oom Piet kwam. En toch ... ik ging elke keer weer die oneerlijke strijd aan. Oom Piet wist immers álles!

VOORBEELDEN
Een mooi voorbeeld van een Rebel is de journalist *Willem Oltmans*, die een jarenlange strijd heeft gevoerd tegen de Nederlandse Staat. Oltmans voelde zich verschrikkelijk tekort gedaan door de Nederlandse staat en heeft daar in talloze interviews uitgebreid over gesproken. Hij gaf niet toe aan druk van buitenaf en hield zijn strijd tot aan de hoogste rechter vol. Uiteindelijk kreeg hij gelijk en ontving hij een miljoenenbedrag als schadevergoeding.

In de verhalen van Marten Toonder komen we heel af en toe het mannetje *Pastuiven Verkwil* tegen. Misschien komen we hem maar zo zelden tegen omdat hij zo lastig is. Daar houden we niet zo van. Pastuiven Verkwil roept voortdurend dat hij, hoewel hij klein van stuk is, niet minder is dan een ander. 'Denk maar niet dat je beter bent, omdat je groter bent dan ik!' en woorden van gelijke strekking. Je zou ook kunnen zeggen dat de heer Verkwil zich bij voorbaat al verdedigend opstelt.

Een tv-Rebel van formaat is *Theo van Gogh*. Hij laat anderen praten, maar is zeer duidelijk in zijn reacties. Hij neemt geen genoegen met beuzelarij en vraagt kritisch door tot hij een echt antwoord heeft gekregen. Krijgt hij dat niet, dan reageert hij opstandig. En hij is dat oprecht. Van Gogh houdt niet van geneuzel en bovendien lijkt hij onverschillig over hoe men over hem denkt.

Meer een karikatuur is *Basil Fawlty* uit de Britse tv-serie *Fawlty Towers* (Hotel op Stelten). Basil is getrouwd met de strenge Sybil (de Arrogante). Nooit zal Basil zijn vrouw aanvallen. Altijd zit hij haar een beetje onderhuids dwars, als een opstandig kind. Hij roddelt over haar en spreekt haar tegen; altijd vanuit een onderdanige positie, nooit actief en met kracht. Overigens vertoont Basil dit gedrag alleen tegenover dominante personen als zijn vrouw. Tegen onderdanige types als zijn Spaanse butler Manuel, is hij zelf dominant. Omdat Basil zelf zo onderdanig kan zijn, leidt deze plotselinge ommezwaai tot buitengewoon komische situaties.

Een mooi weerstandsscenario vertoont de acteur *Clint Eastwood* in de film *The Escape from Alcatraz*. Eastwood speelt een gevangene in een zeer strenge gevangenis, waar het regime extreem agressief is.

Een medegevangene, Doc, heeft de opsluiting in de gevangenis tot nu toe kunnen volhouden doordat hij mag schilderen. Hij kan in zijn schilderijen zijn gevoelens uiten, iets dat 'niemand hem kan afnemen'. Tot op een dag de directeur van de gevangenis Docs schilderspullen laat weghalen. Ontroostbaar over het verlies van zijn geliefde bezigheid hakt Doc in de werkplaats met een bijl zijn vingers af. Iedereen weet wat er gebeurd is, maar opstand tegen de directeur betekent bijna zeker een maand eenzame opsluiting, een verschrikkelijke straf. Eastwood is woedend over het gebeurde. Een scène uit de film toont het moment waarop de directeur en Eastwood elkaar ontmoeten in de eetzaal.
De directeur vraagt: 'Hoe zit het met dat ongelukje in de werkplaats?'
Eastwood antwoordt: 'Ongelukje? O, u hebt het over Doc. Iemand vond zijn schilderwerk niet mooi en verbood hem te schilderen.'
Directeur: 'Iemand had hem moeten vertellen dat hij niet alles kan schilderen.'
Eastwood: 'U hebt helemaal gelijk. Er is altijd wel een klootzak die zich beledigd voelt.'

Dit noem ik opstandig gedrag. Ondanks het risico, toch – zij het niet al te openlijk – zeggen hoe je over iets denkt. En daarmee bereiken wat je wilt: je mening uiten.

Echt Rebellengedrag vertoont de *Socialistische Partij*. Nooit te beroerd om forse kritiek te geven. Toen Minister Borst werd gevraagd wat zij zou missen na haar ministerschap, zei ze: 'Ik zal de interventies van Kant (SP) missen als kiespijn.' (Volkskrant 13 juli 2002).

Een historisch voorbeeld van de Rebel is de man die tijdens de onderdrukking van de opstand in Peking op het Plein van de Hemelse Vrede demonstratief voor een rijdende tank ging staan. Voor het oog van de wereld riskeerde deze man zijn leven. Een stil protest met een enorme publiciteitswaarde. Ik neem aan dat de man dat wilde bereiken.

De Rebel roept weerzin op: 'Bah, daar heb je ze weer!' In ons Eastwood-voorbeeld is het antwoord van de directeur: 'Kijk jij ook maar uit. Ga terug naar de rij.'

Wanneer kies je voor de Rebel?

Om te bereiken wat je wilt, is het belangrijk een eigen mening te hebben. Het is geen ramp als anderen zich ergeren aan je gedrag als op dat moment jouw doelen belangrijk zijn.

Je staat in de rij bij het postkantoor. Je hebt haast. Je hebt nummer 044. Nummer 043 wordt afgeroepen, niemand verschijnt. Nummer 044 verschijnt op het afroepbord, je loopt naar het loket en je stelt je vraag. En wie komt daar aanrennen: nummer 043! 'U bent voor uw beurt gegaan, net nu ik eventjes ....'
Wat doe jij, als Rebel?
Je zegt heel rustig, maar beslist: 'Dat spijt me voor u, maar u zult nu even moeten wachten', en gaat verder met je bestelling. Vervelend? Ja, voor de ander. Maar niet voor jou en per slot van rekening was de ander even weggegaan.

Let wel: je *moet* niet zo reageren, maar het *kan* wel en het is goed om te bereiken wat je wilt. En soms kan dat zwaarwegend genoeg zijn om de beleefdheidsvormen die ik

elders in dit boekje de hemel in prijs, een keer opzij te zetten.
Het is niet goed om *iedereen* te vertrouwen. Niet iedereen zegt wat hij denkt, laat zien wat zijn bedoelingen zijn, is eerlijk in zijn motieven. Als je het niet zeker weet, is een zeker wantrouwen gezond! Het is belangrijk dat je je kunt verdedigen tegen allerlei zaken. Als iemand je op de een of andere manier aanvalt, is het goed om je eigen belangen in het oog te houden.

De Rebel is een goede vriend als je wordt aangevallen. We zien in bijna alle actiefilms dat onze helden zich uitstekend kunnen verdedigen tegen hun aanvallers. James Bond kan vechten, schieten, durft elke discussie aan en wint die ook. En áls hij in de problemen raakt, is er altijd nog Q die hem voorziet van allerlei snufjes. Zo moet je de truc met de Rebel ook zien. De Rebel stelt je in staat om je te verdedigen.

Ik moet denken aan Midas. Midas is mijn Duitse herder, die zó lief is, dat ik haar vaak heb moeten beschermen tegen kleine kinderen als die het op haar ogen en oren hadden voorzien. Als ze eten heeft gekregen, komt ze je bedanken. Zo'n hond is dat.
Midas heeft één passie: stokken. Als we in het bos lopen, heeft ze altijd een zo groot mogelijke stok in haar bek. Die sleept ze overal mee naar toe en als je niet oppast, rent ze je ermee van de sokken. En dan komt er een andere hond. Welke hond dan ook: groot, sterk, agressief. Het maakt haar niet uit; als een andere hond haar stok wil pakken verandert Midas plotseling in een rij blikkerende tanden met een hondenlijfje erachter. Ze verdedigt haar stok bij wijze van spreken met haar leven. En zo bereikt ze ook weer wat ze wil: het maakt haar even niets uit wie ze tegenover zich heeft, haar stok is wat ze wil en daar blijf je af!!

KARIKATUUR
Als de Rebel overdreven wordt, hoor je een zeurderige, drammerige toon en zie je een persoon die het nergens mee eens is, overal tegenin gaat.

Ik zit in de trein. Naast mij zit een wat oudere heer. Plotseling stopt de trein. We staan een poosje stil en om mij heen zie ik wat onrustige bewegingen. Raampjes gaan open om naar

buiten te kijken. Dan klinkt de stem van de conducteur: 'Dames en heren, er staat een sein op rood en wij kunnen niet verder, onze excuses. Wij vragen uw begrip.'
De man naast mij komt plotseling tot leven. Hij begint een tirade tegen de Nederlandse Spoorwegen en als hij eindelijk uitgepraat is, haalt hij nog even het hele kabinet onderuit. Hij eindigt met een beschouwing over hoe slecht het toch gesteld is met Nederland, met al die buitenlanders. Om hem heen kijkt iedereen met een verveeld gezicht naar buiten. Ik kijk naar zijn trouwring en denk: arme vrouw!

DE STILLE

Het achtergrondscenario: ik gehoorzaam of trek me terug

De naam die ik deze subpersoon gegeven heb, zegt al genoeg. De Stille verstopt zich, zit stilletjes in een hoekje, of kan zelfs geheel verdwijnen (bijvoorbeeld de kamer uit). Hij blijft rustig, vertoont weinig uitdrukking en zegt weinig of niets. Vooral voor geboren leiders is dit gedrag moeilijk aan te leren.

De Stille is vooral bang. Bang om straf te krijgen, uitgestoten te worden, weggehoond te worden, of om af te gaan. Hij vind zichzelf zwak, of is zwak. Hij bevindt zich in een gezelschap en weet al: als ik iets zeg, weten ze het hier allemaal veel beter dan ik. Wat doet hij? Hij houdt zijn mond en laat zo af en toe merken dat hij de anderen allemaal heel geweldig vindt. Of hij gaat gewoon weg.

Iedereen kent ze wel: de situaties waarin je het liefst heel stilletjes zou willen verdwijnen. Ook herkenbaar? Mensen die altijd stilletjes op de achtergrond zitten, zich rustig houden en vooral niet op willen vallen. Nog herkenbaarder: de reacties daarop!
De Stille roept stoer gedrag op bij anderen. Het lijkt wel of die stille, bescheiden figuur op de achtergrond ervoor zorgt dat de anderen een stukje groter worden.

De 11-jarige verkenners zijn stil en bescheiden als de Akela ze toespreekt. Vandaag komen drie nieuwe verkenners en dat betekent dat er een heel ritueel moet worden uitgevoerd, compleet met het hijsen van een vlag, het optuigen van de totem en vooral ... het inwijden van de nieuwelingen.

Als de Akela weg is, staan de drie nieuwe verkenners onwennig in de kring. De Ervaren Verkenners veranderen nu plotseling in Stoere, Gewichtige Personages. Ze zullen die drie watjes wel eens wat laten zien. Ze praten druk, negeren de drie volkomen en de één weet nog beter hoe je de zaken aanpakt dan de ander. Twee van hen raken zelfs slaags als niet duidelijk is wie de totem mag gaan halen.
Maar als de Akela weer naar buiten komt, is er ineens niet zo heel veel verschil meer tussen de 'oude' en de 'nieuwe' garde ...

Bescheidenheid – over het algemeen gezien als een deugd – valt ook onder het gedrag van de Stille.

VOORBEELDEN
Een mooi voorbeeld van een gehoorzame, bescheiden subpersoon is de butler *Joost* uit de verhalen van Marten Toonder. Joost is de bediende van Heer Bommel en hij is gehoorzaam aan zijn meester. Hij zorgt altijd dat het eten precies op tijd klaar staat en hij spreek altijd in bescheiden taal. Enkele van zijn uitspraken: 'Als u mij wilt verschonen', 'Met uw welnemen', 'Als ik zo vrij mag zijn'. Joost speelt meestal een rol op de achtergrond, hij kan vrijwel niets doen zonder dat hem daartoe een opdracht wordt gegeven. Hij heeft geen eigen mening.

Meryl Streep speelt in *The Bridges of Madison County* een plattelandsvrouw die zich geheel en al inzet voor haar gezin. De relatie met haar man is dodelijk saai – net zoals haar hele leven. Tijdens een korte periode waarin haar gezin afwezig is, krijgt ze een affaire met een fotograaf (Clint Eastwood). Door haar relatie met hem, ziet ze de kleurloosheid van haar bestaan in en krijgt ze de kans met hem te vluchten naar andere oorden – met zicht op een boeiender en sprankelender leven. Ik zal je de afloop niet verklappen.
Streep speelt prachtig de Stille: een bescheiden vrouw, die in houding en gedrag precies voldoet aan de hier beschreven subpersoon.

Wanneer kies je voor de Stille?

Ik vaar met een stel vrienden op een zeilboot. Eén van ons is een ervaren zeiler, alle anderen hebben nog nooit van hun leven gezeild. Van tijd tot tijd roept onze ervaren kapitein kreten, waarvan hij ons voor aanvang van de tocht de betekenis heeft uitgelegd. Ik doe precies wat hij zegt en dat geldt voor ons allemaal.
Eenmaal terug op de wal stappen we in mijn auto. Nu ben ik weer de kapitein.

In sommige situaties is een bescheiden opstelling gewoon de beste. Anderen weten er veel meer van dan jij, en kunnen de verantwoordelijkheid nemen. Dan kun je maar beter doen wat er van je gevraagd wordt.

Stel dat ik in de bovenstaande situatie de directeur ben, en mijn vriend is één van mijn jongste medewerkers. Ook dan zal ik op de boot netjes gehoorzamen als mijn 'ondergeschikte' bevelen geeft.

KARIKATUUR
Mijn nichtje heeft het moeilijk op school. De kinderen plagen haar en ze komt regelmatig huilend thuis. Toch is ze een heel vrolijk kind. Ze speelt graag rustig in haar eentje en ze praat honderduit als je met haar samen bent. Op school echter blijkt ze een heel teruggetrokken meisje te zijn. Ze praat niet mee met de gesprekken in de klas en ze zit altijd achteraan in een hoekje, alleen aan een tafeltje. Op deze manier komt ze niet op een positieve manier door haar schoolperiode heen. Haar situatie maakt haar diep ongelukkig. De Stille is geen goede vriend om dit jonge kind te helpen bereiken wat ze wil.

Al te bescheiden is dus ook niet goed. Om in de sfeer van de school te blijven: ik beloofde eerder in dit boek uit te leggen waarom je beter niets kunt zeggen als je kinderen niet uit zichzelf aan hun huiswerk beginnen. In feite spelen zij hier het afhankelijkheidsscenario (zie *de Volger*). Ze wachten tot je de leiding neemt en zegt: 'Ga je huiswerk maken.'

Die opmerking vatten zij dan weer op als een competitiescenario – 'Mijn vader bepaalt wat er moet gebeuren' – en daar kun je als kind lekker tegenin gaan. Dat maakt de ouder weer boos en zo kom je al gauw in een agressiespiraal. En dat was niet wat je wilde bereiken.

Stel nu eens dat je inderdaad niets doet. Allereerst hebben je kinderen niets om tegen in te gaan. Er ontstaat geen gevecht. Maar ... ze hoeven ook geen huiswerk te maken. Wellicht zullen ze dan op school een probleem krijgen. Ze gaan af, of krijgen problemen met de docenten. Het probleem wordt misschien daar opgelost waar het hoort: op school. Je kunt dan vervolgens met ze praten over de oplossing van het probleem.

Ik beweer niet dat je direct zult bereiken wat je wilt, maar misschien zijn je doelen ook wel te hoog gespannen als je verwacht dat je kinderen zich altijd aan door anderen gestelde regels zullen houden. Ik beweer wél dat de kans op succes groter is, naarmate je je er minder mee bemoeit.

DE VOLGER

Het afhankelijkheidsscenario: ik heb je nodig

De Volger weet dat hij een ondergeschikte plaats inneemt. Hij vindt dat dat beter voor hemzelf is, maar ook voor anderen. De Volger luistert goed naar wat anderen te zeggen hebben en doet dat vooral om zo goed mogelijk te kunnen doen wat er van hem gevraagd wordt. Hij staat daarbij open voor advies, commentaar en eventuele correctie. Hij heeft die correctie nodig om zijn werk goed te doen. Alleen kan hij het niet af en daar is hij zich van bewust. Omdat de Volger anderen nodig heeft, roept hij met zijn gedrag op dat anderen hem adviseren en dat ze de leiding (over)nemen. Hij geeft daarmee anderen een zekere macht over hem (zie *De Leider*).

De Volger heeft respect voor zijn Leider. De Stille gehoorzaamt, ook als hij heel andere ideeën heeft. De Volger is het eens met de Leider. De Volger vraagt wat hij moet doen en of hij het goed heeft gedaan. De Stille doet wat hem gezegd wordt en wacht dan af of er meer volgt. Ondertussen kan hij met heel andere dingen bezig zijn. De Volger is bezig te volgen, de Stille is bezig met wat hij moet doen.

Als illustratie hiervan zou je honden en paarden met elkaar kunnen vergelijken. Als je een hond een commando geeft, volgt het dier je en kijkt voortdurend naar je om te kijken of je nog tevreden bent. Het wacht vol verwachting af of er al weer een signaal van jou komt: typisch een Volger.
Een paard daarentegen gehoorzaamt ook, maar is niet bezig met jouw commando's, het dier

werkt hard en reageert op je commando's, om vervolgens weer hard verder te werken. Een paard is dus eerder een Stille.

VOORBEELDEN

De komiek *Stan Laurel* is een typische Volger. De Volger heeft een leider nodig. Dat is Oliver Hardy. Oliver neemt de leiding, neemt de beslissingen, Stan volgt hem in alles. In veel scènes zie je dat letterlijk gebeuren. Oliver loopt met grote stappen ergens naartoe, of ergens vandaan, en Stan volgt hem, met de hand op zijn hoedje. Zonder Oliver is hij nergens. Hij is afhankelijk van zijn leider.

Politieke Volgers zijn niet makkelijk te vinden. In de politiek draait het om de macht en om macht uit te oefenen is volgersgedrag meestal niet de manier om te bereiken wat je wilt. In het algemeen is de zogenaamde 'partijdiscipline' een vorm van volgersgedrag. Het fractiebestuur heeft een bepaalde strategie uitgestippeld en de 'backbenchers' (kamerleden die lager in de rangorde van de fractie staan) worden geacht dat te volgen. Deze kamerleden weten ook dat hun stemgedrag het belang van de partijstrategie dient en zullen die strategie in de regel gewillig volgen.
Alleen als de individuele politicus gewetensbezwaren heeft, die voor haar of hem onmogelijk maakt zich als Volger op te stellen, komt hij in opstand. Hij moet dan zijn Rebel uit de kast halen en tegen zijn eigen partij in stelling brengen.

In het dagelijks leven zien we volgersgedrag voortdurend om ons heen. Papa doet een voorstel om ... 'een ijsje te gaan eten!' 'Ja! Lekker!' Volgersgedrag.

'Meneer van Dijk, ik zou mijn auto, als ik u was, voorzien van nieuwe banden', zegt mijn garagehouder. 'Kijkt u maar naar het profiel, het kan er nog mee door, maar als u onderweg naar uw vakantieadres regen krijgt, rijdt u niet echt veilig.' Ik denk aan mijn portemonnee en kijk naar de banden. Ik denk ook aan mijn kinderen en de gevolgen van een ongeluk. 'Doe er maar nieuwe banden op.' Ik volg het deskundige advies van mijn garagehouder.

Als ik zou zien dat de banden prima profielen hebben, is een dosis gezond wantrouwen weer op z'n plaats: tijd om de Rebel in te zetten. Behalve de garagehouder schakelen we zeer regelmatig allerlei deskundigen in: de dokter, tandarts, advocaat, notaris, verzekeringsadviseur, noem maar op. We volgen meestal hun adviezen op, zeker als we de adviseur goed kennen. Allemaal gedrag van de Volger in ons.

Wanneer kies je voor de Volger?

De echte Volger is een uitstekende hulp bij verhuizingen. Hij doet simpelweg wat er gevraagd wordt en sjouwt zich een ongeluk voor je. De Volger is ook een uitstekende keuze als je in een situatie bent waarin je nog iets te leren hebt.
Stel, je bent in een nieuwe buurt komen wonen en je kent niemand. Je wilt graag veel over je nieuwe omgeving weten, omdat je er dagelijks zult zijn en graag snel 'thuis' wilt raken. Je komt je buurman tegen. Hij groet kort en geeft je een hand. Dit is het moment om de Volger in te stakelen. De Volger geeft de ander het gevoel dat hij belangrijk is. Je zegt bijvoorbeeld: 'Buurman, u woont hier al zo lang. U kunt mij vast een heleboel vertellen over deze buurt.' De kans is groot dat u op deze manier een heleboel te weten komt.

Ik was als lobbyist veel in de buurt van een kamerlid. Hij stond erg sympathiek tegenover de ideeën die ik vertegenwoordigde. Om dit kamerlid te vriend te houden, was het van groot belang dat ik hem liet merken dat ik hem erg bewonderde – wat ik overigens ook deed. Ook liet ik hem geloven dat hij degene was die de ideeën had bedacht, terwijl ik daar zelf soms urenlang aan gewerkt had. Ik gaf hem het idee dat hij de Leider was, en ik de Volger. De politicus hield op die manier controle over de situatie en ik bereikte mijn doel: hij zei zo ongeveer alles wat ik graag wilde horen.

KARIKATUUR
De Volger kan ontaarden in 'de afhankelijke'. Altijd moet iemand anders zeggen wat hij

moet doen. Hij wacht af, weet het niet, neemt geen initiatieven, dus ook geen risico's. De afhankelijke vermijdt risico's en is daardoor niet in staat om volwaardig te functioneren.

Als je de Volger al in je persoonlijke vriendenkring hebt opgenomen, is het goed om regelmatig een 'vergadering' tussen hem en de Rebel te organiseren. De Volger heeft de neiging alle goede raad op te volgen. Maar goede raad is duur en dat betekent dat die kritisch moet worden gewogen, alvorens tot volgen over te gaan. De Rebel is als geen ander in staat om – zonder aanzien des persoons – een kritische blik op de zaak te werpen.

Ik heb ooit een piano gekocht van het merk 'Steinway'. Wie iets van piano's afweet, is het met me eens dat Steinway een goed merk is. Smaken verschillen, maar de kwaliteit is goed. Ik heb dat ding eigenlijk zonder meer gekocht. Geen vergelijkingen met andere piano's gemaakt, niet echt goed geluisterd. Bovendien zag de verkoper er heel deskundig uit. Een echte Leider. Op een dag liet ik een nieuwe pianostemmer komen. Ik zal nooit vergeten wat er gebeurde. Terwijl de stemmer mijn kostbare bezit stemde, riep hij ineens in vloeiend Haags: 'Dit is brandhout!! Wat nou Stènwee! Rèp voor de slaup!'
Een volgende keer zou ik deze stemmer meenemen. Als ik – als echte Volger – gauw geneigd zou zijn om de verkoper te geloven, zou mijn stemmer (de Rebel) zeggen: 'Ik vind hem wel erg duur', of: 'Laat u nog eens een andere piano zien!'

Als ik de Rebel in mijzelf nog niet zo ontwikkeld heb, kan ik als Volger dus heel goed een 'externe Rebel' – iemand anders dus – inschakelen om mij voor ongelukken te behoeden.

DE SCHAT

Het hulpscenario: ik sta altijd voor je klaar

Ik vermoed dat onder mijn lezers mensen zullen zijn die bij het lezen van dit hoofdstuk zeggen: dit klinkt zó klef en soft, dat je er bijna een teiltje bij nodig hebt. Ja, dat klopt. En wie alleen maar lief is, vertrouw ik niet. Maar soms ...

... soms kan de Schat je een hoop ellende besparen. Als je iets wilt bereiken bij mensen is deze lieverd een echte lijmer. En ik zeg bewust niet slijmer, want dat is een lijmer die het niet meent. We hebben afgesproken dat we echt zullen blijven en onszelf zullen zijn. Heeft niet iedereen ook een heel aardige kant?

Een Schat kijkt je vriendelijk aan en stelt vooral vragen. Heb je het naar zin? Wil je graag uitrusten? Zal ik iets lekkers voor je klaarmaken? Wat de Schat wil bereiken is dat de ander het naar zijn zin heeft. Of dat de ander kan praten. De Schat kan goed luisteren, heeft een open oor en laat dat ook merken: hij is geïnteresseerd in de ander. De Schat houdt daar zelf overigens ook een goed gevoel aan over. De Schat is geen pure 'altruïst', handelt niet alleen ten behoeve van de ander.
De Schat roept vertedering op en zorgt ook voor geborgenheid. Wie zich heel akelig voelt en een echte Schat ontmoet, heeft geluk.

Een vriend van mij wandelde van Utrecht naar Santiago de Compostella: de beroemde en beruchte Camino, een pelgrimstocht die – in zijn geval – drie maanden in beslag nam.

Na een paar dagen kwam hij in een onvermijdelijke 'dip'. Hij zag het niet meer zitten en hij wilde nog maar één ding: terug naar huis.
In een kerkje zat hij uitgeput en snikkend op een bankje. Er kwam, zo vertelde hij mij, een priester binnen, die heel stil en rustig naast mijn vriend ging zitten. Na een poosje ging hij weer weg. Mijn vriend had weer moed om verder te gaan.

In mijn beleving spreken we hier ook van een andere kwaliteit van de Schat: onbaatzuchtigheid. De Schat kan geven, zonder iets terug te vragen.

VOORBEELDEN
Een echte Schat is *Saartje* uit één van de eerste kinderseries op de Nederlandse televisie: *Swiebertje*. Saartje is de huishoudster van de burgemeester en haar keuken is voor iedereen in de serie het verzamelpunt. Bij Saartje staat altijd de koffie klaar en ze heeft oprechte belangstelling voor de mensen die bij haar naar binnen lopen.
Het leuke aan Saartje is ook dat ze best kritisch kan zijn – soms dus het agressiescenario volgt – maar dat ze dat altijd op een aardige en vriendelijke manier doet.

Swiebertje heeft veldwachter Bromsnor weer eens op de kast gekregen. Hij loopt bij Saartje binnen, die juist van Bromsnor het hele verhaal heeft gehoord. Ze is boos op Swiebertje en dat zegt ze hem ook. Ze blijft daarbij echter wel heel vriendelijk. 'Nee Swiebertje, dat is niet waar..., kom neem nog eens een lekker bakkie koffie en vertel nou eens eerlijk wat er gebeurd is en .... niet liegen hoor, deze keer!' Swiebertje stottert zich door de waargebeurde versie heen, blij dat hij zijn verhaal kwijt kan.

Een ander mooi voorbeeld is *juffrouw Doddel* ('zeg maar Doddeltje ...'), de buurvrouw van Heer Bommel. Doddel is smoorverliefd op heer Bommel ('Wat ben je toch knap ...') en liefde maakt blind. Ze staat altijd klaar om hem op te vangen als hij zich weer eens in de nesten heeft gewerkt. Ze ziet maar zelden hoe dom hij zich gedragen heeft, tenzij ... hij in zijn Heerlijke Domheid een andere man het leven zuur maakt. Dan wil het wel eens gebeuren dat ze die ander beschermt tegen Heer Bommel. Haar hulpscenario staat dus altijd voorop: ze kan niet zien dat iemand wordt benadeeld, ze *moet* dan helpen, zelfs als ze daarmee ingaat tegen haar grote liefde.

Tv-presentator *Paul de Leeuw* gedraagt zich meestal als Rebel. In één van zijn programma's echter trad zijn nichtje op, een mongooltje. Ik was zeer ontroerd om te zien hoe deze aartsrebel ineens veranderde in een echte Schat. Het was zo duidelijk dat hij alles wilde doen om zijn nichtje het naar de zin te maken. En dat lukte: het meisje straalde aan alle kanten en had – zo leek het – de dag van haar leven.

Wanneer kies je voor de Schat?

Je kunt de Schat heel goed inzetten als je iemand langs de weg ziet staan met pech, of als je iemand tegenkomt die zich beroerd voelt en niet meer weet wat hij moet doen.

Ik rijd vrolijk langs de wegen in een voor mij volstrekt onbekend gebied, ver van huis. Ik neem niet graag lifters mee, want ik ben als de dood dat ik een gek in mijn auto krijg.
Ik zie op de lange weg tussen twee kleine dorpjes een jongen staan met een grote en waarschijnlijk loodzware rugzak. Hij ziet er doodmoe uit. Het is ongeveer negen uur in de avond, het wordt zo meteen donker. Op deze weg zie je zelden een auto.
Ik rijd door. Zijn gezicht, dat zie ik in dat heel korte moment, straalt grote teleurstelling uit.
Ik haal een keer diep adem. Ben ik nou echt zo bang? Ziet die jongen er uit als een gevaarlijke gek? Ja, dat weet je natuurlijk nooit.

Er ontstaat als het ware een gesprek in mijn gedachten: 'Je moet niet stoppen voor lifters! Die kunnen gevaarlijk zijn!' zegt de Arrogante in mij. 'Moet hij maar een bus nemen en op tijd weggaan.' Nu wordt mijn Rebel wakker: 'Ja, maar daar weet je niets van. Misschien moest hij plotseling weg en is liften de enige mogelijkheid.' Ik roep mijn Schat erbij. Ik wil graag helpen. Als iemand hulp nodig heeft en ik – rijke westerling – kan met mijn snelle auto iemand van dienst zijn, dan wil ik dat niet weigeren.

Ik rijd een heel eind terug, want al dat gedenk kost toch tijd. De jongen is dolgelukkig. Hij begon al te wanhopen. Zijn vriendin was vooruit gegaan met andere vrienden, maar hij kon er echt niet meer bij. Stoer had hij gezegd: 'Ik lift wel, dat doe ik zo vaak', maar dat viel bitter tegen. Hij stond er al een uur. Een kwartiertje later zet ik hem bij een mooi kerkje af.

De Schat moet soms heftig in discussie met de Rebel, of de Arrogante. Behoefte aan steun voor anderen, onbaatzuchtigheid is dan het juiste middel om hem aan het werk te zetten. En daar kunnen we met elkaar best wat van gebruiken.

KARIKATUUR
Teveel Schat wordt soft. Altijd meegaand en vriendelijk, nooit een kritisch woord, een echte jaknikker. Het nadeel daarvan is groot. Allereerst komt deze super-Schat niet aan zijn of haar eigen belangen toe. Als je altijd meegaand bent, zullen de meeste mensen je wel heel aardig vinden, maar ze trekken zich niet veel van je aan.
Vervolgens is het ook heel vervelend voor de omgeving. Wat vindt zo iemand nou eigenlijk zelf? Alles wat je zegt is goed, alles wat je doet vindt hij prima.

DE GOOD GUY OF GOOD GIRL

Het verantwoordelijkheidsscenario: ik doe wat goed is

De Good Guy is om te beginnen heel vriendelijk: hij laat je nooit in de steek, is een echte vriend. Hij zorgt dat er niets op hem aan te merken is, je zult hem dan ook niet betrappen op achterbaksheden of tegendraadsheid. De Good Guy toont redelijkheid, is succesvol en komt sympathiek en volwassen over. De Good Guy geeft makkelijk complimenten en is prettig in de omgang. Als je met hem praat, laat hij je uitspreken en helpt hij met het zoeken naar woorden. Hij vertelt gemakkelijk over zichzelf, maar wil ook weten wat jij vindt.
De Good Guy roept prettige reacties op bij anderen. Hij is zo aardig, dat niemand zich snel zal storen aan dit gedrag.

VOORBEELDEN
Tom Poes is een echte Good Guy. Hij staat altijd klaar voor zijn vriend Bommel, hoe onaardig die soms ook kan zijn. Hij vraagt er niets voor terug en wordt zelden boos als Bommel hem onrechtvaardig behandelt. Eigenlijk wordt hij alleen boos als Bommel zichzelf schade aandoet.
Timothy Leary noemt dit gedrag ook wel 'hypernormaal'. Niemand stoort zich eraan en tegelijkertijd vindt iedereen het ook 'normaal'. Het is als het ware 'zeer geaccepteerd' gedrag.

Als ik door de videotheek wandel en ik zoek naar personen die dit gedrag vaak vertonen, of situaties waarin dit gedrag mooi zichtbaar is, dan valt me op dat ik in eerste instantie vooral vrouwen op mijn pad vind. *Good Girl* is dus misschien een betere benaming.

In de komische tv-serie *Fawlty Towers* (Hotel op stelten) komen we *Polly* tegen; ze is in dienst van Basil Fawlty, de hoteleigenaar die ik al eerder noemde. Voortdurend laat hij alles in het honderd lopen. Vaak is het Polly die haar onhandige baas uit de problemen redt, zonder dat ze daar zelf de eer voor krijgt. Sterker, ze krijgt er vaak alsnog van langs.

In de films en tv-afleveringen van *X-files* zijn *Dana Scully* en Fox Mulder FBI-agenten. Scully gelooft aanvankelijk niet dat haar partner, agent Mulder, gelijk heeft in zijn absolute geloof in buitenaardse verschijningen. Toch blijft ze hem trouw in de aanpak van misdaden die ze op hun pad vinden. Haar actieve hulp en bereidheid tot samenwerken staat voorop. De Good Girl zet zich in voor anderen en komt met goede ideeën, zonder dat zij daarvoor met de eer hoeft te strijken. Het gaat haar erom dat de zaak goed blijft draaien.

Presentatoren van spelletjesprogramma's op tv spelen vaak de Good Girl of Guy. Ze laten merken dat ze de kandidaten willen helpen. Dat is ook nodig, want ze willen bereiken dat deze mensen zich op hun gemak voelen. Bij de Good Guy voel je je snel op je gemak.

Mensen gedragen zich in het algemeen als een Good Girl als een nieuwe groep gevormd wordt. Niemand kent elkaar en er wordt als het ware aan elkaar 'gesnuffeld'. In de politiek zie je dit soms bij het begin van een nieuwe regeerperiode. De politici moeten nog aan elkaar wennen en willen een zo goed mogelijke indruk op elkaar maken. Ze lachen om elkaars grapjes, glimlachen naar elkaar en raken elkaar aan: hand op de schouder of arm, uitvoerig begroeten, hartelijk afscheid nemen, vooral voor het oog van de camera.
In de periode waarin ik dit boek schreef, trad het nieuwe kabinet Balkenende aan. Het was een feest om te zien hoe kersverse bewindslieden elkaar vriendelijk bejegenden, terwijl je zeker wist dat ze elkaar over een maand of wat heel anders, mogelijk veel minder vriendelijk zullen bejegenen.
Vier jaar eerder hoorden we op de televisie de kersverse minister Herfkens tegen haar nieuwe collega Peper zeggen: 'Leuk hè!' Ze was zojuist minister van Ontwikkelingssamenwerking geworden, en hij minister van Binnenlandse Zaken.

Wanneer kies je voor de Good Guy of de Good Girl?

Je stelt met het gedrag van de Good Guy of de Good Girl andere mensen op hun gemak. Er ontstaan niet gauw conflicten en de sfeer is en blijft goed.
De Good Guy heb je nodig als de relatie belangrijk is.

Ik heb altijd getracht goed om te gaan met mijn buren. Toch heb ik ze niet allemaal even aardig gevonden. Ik herinner mij zelfs buren die hun uiterste best deden het mij en mijn gezin erg moeilijk te maken. Toen echter door omstandigheden een bijeenkomst van alle buren nodig was, heb ik hen gastvrij ontvangen en met hen over koetjes en kalfjes gepraat. Het resultaat was, dat we elkaar weer groetten en dat de ergernissen over dagelijkse dingen niet meer leidden tot vervelende taferelen. En dat was precies wat ik wilde bereiken.

KARIKATUUR

Wie een overdreven Good Guy is, kan moeilijk de Stille of de Krijger worden, ook niet als dat nodig is. De karikatuur van de Good Guy doet er alles aan om populair gevonden te worden. Gevolgen zijn bijvoorbeeld dat je te veel beloftes doet aan anderen, belofte van vriendschap en sympathie, die je uiteindelijk niet kunt waarmaken. Deze karikatuur ziet er aan de buitenkant normaal uit, terwijl er 'van binnen' iets heel anders gebeurt. De drijfveer is een soort ideaal van dienstbaarheid en hulp aan anderen.

*Ik ontmoette eens een man die erover klaagde dat hij vaak tijdens het eten door buren werd verrast met een bezoek. Vaak stuurden ze erop aan dat ze een hapje mee konden eten. Hij sprak verontwaardigd over het gedrag van deze mensen. 'Dat doe je toch niet?' Ik vroeg hem of hij ze wel liet weten dat hij hun bezoekjes op dat tijdstip niet op prijs stelde. Hij reageerde verontwaardigd: 'Nee natuurlijk niet, dat kun je toch niet doen?'
Deze man kón eenvoudigweg niet weigeren. Zijn buren gingen dus gewoon door met hun gedrag: zíj bereikten wel wat ze wilden.*

WAMMES WAGGEL

Het scenario van de verwondering: ik pas mij niet aan, ik volg mijn emoties

Vanuit het scenario van Wammes Waggel bekijk je de wereld heel simpel. Je wandelt door het leven met grote eenvoud. Niets is ingewikkeld, alles is interessant. Als iemand tegen je tekeer gaat omdat hij woedend is, zul je geboeid naar hem kijken en bij jezelf denken: 'Zo! Die is boos!'
Pas op: Als Wammes Waggel lach je de ander niet uit. Je zult zijn boosheid wel serieus nemen, maar je laat je niet leiden door je schrik. Je bent niet met jezelf bezig, maar met wie en wat je voor je ziet. Als je je laat leiden door je schrik, is de kans groot dat je de ander veroordeelt: 'Jij laat mij schrikken en dat verwijt ik je.' Je speelt dan de Rebel.

Veel problemen ontstaan door veroordeling. Wammes Waggel veroordeelt niet, hij beoordeelt. Beoordelen is een dagelijks terugkerende bezigheid: als iemand mij aanspreekt en ik zie dat hij of zij mij helemaal niet aanstaat, kan ik beter snel maken dat ik wegkom. Ik beoordeel de situatie. Om maar wat te noemen!

Maar kijk nu eens naar de volgende tekst:
Er zijn vrouwen die doen het met tegenzin, er zijn vrouwen die vinden het fijn;
Mijn moeder die doet het met veel plezier, wat zal pa daar gelukkig mee zijn!

Waar denk je het eerst aan als je deze tekst leest? Aan seks? Als dat zo is, wat vind je er dan van dat die woorden hier staan? Leg je dit boek preuts terzijde? Of lees je juist geboeid verder? Het zijn de eerste regels van een liedje van Hans Dorrestijn over een vrouw die niet kan koken. Je eerste gedachten bepalen in hoge mate wat je reactie op iets zal zijn.

Ik loop op straat. Ik kom een clubje luidruchtige jongeren tegen. Een jongen van een jaar of 13 geeft me een harde duw. Hoe zal ik reageren?

Dacht je aan een achterstandswijk in een grote stad en een opgeschoten jochie, die mij wil aanvallen? Hoe zal ik reageren? Het kan ook zijn dat er een auto komt aanrijden die ik niet gezien heb. De jongen heeft mijn leven gered. Hoe zal ik dan reageren?
Als je niet oppast, heb je al een oordeel voordat je goed gekeken en geluisterd hebt.

Vanuit het scenario van verwondering veroordeel je niet. Je neemt de zaken zoals ze zich aan je voordoen, zonder bij voorbaat te bepalen wat je reactie zal zijn. Je bekijkt de wereld om je heen op een eenvoudige manier en je gebruikt je emoties om je tot die wereld te verhouden. Je beoordeelt vervolgens de situatie tegen de achtergrond van wat je wilt bereiken. Je kiest voor het scenario van verwondering en leest nogmaals het voorbeeld van de harde duw. Je begint vragen te stellen. Wat was er precies aan de hand? Waar was je? Wat deed je daar? Waarom kreeg je een duw? Hoe voelde je je erbij? Je veroordeelt niet, je bent je bewust van de situatie waarin je je bevindt en reageert van daaruit: dat is Wammes Waggel.

VOORBEELDEN
De boeken van Marten Toonder hebben mij in feite op het idee voor deze negende subpersoon gebracht. Ik ben van meet af aan onder de indruk geweest van *Wammes Waggel*. Wammes Waggel is een gans. Hij is heel eenvoudig, gebruikt korte zinnetjes en drukt zich vooral uit over of hij iets leuk vindt of niet.

Wammes duikt op de gekste momenten op. Waar onze hoofdfiguren zich ook bevinden, altijd is er een kans dat Wammes om de hoek komt kijken met een ballonnetje, een ijsco-

karretje, altijd met iets waar hij lol mee kan beleven. Wammes kent eigenlijk maar twee emoties: vreugde en verdriet. Hij veroordeelt nooit, hij vindt alles 'enigjes' of 'niks enigjes'. Meer smaken kent hij niet.
Als hij iets enigjes vindt, probeert hij zijn plezier met anderen te delen. Zijn vreugde wordt dan nog veel groter. Vindt hij er niks meer aan, dan gaat hij weg. Hij verwijt niemand iets, hij gaat gewoon.

Dit scenario zien we ook in het *NOS-journaal*. De presentator heeft een onbevangen blik op de wereld. We zullen *Philip Freriks* nooit horen zeggen: '... en dat vind ik zó slecht!' Wel was Philip Freriks ten tijde van de terreuraanslagen in New York duidelijk veel minder vrolijk dan anders. 'Ik wens u – voor zover mogelijk – een prettige avond', met een treurig gezicht. Een duidelijke beoordeling over de situatie, maar geen veroordeling over de situatie, die laat hij – vanuit zijn rol als objectieve journalist – aan de kijker over. Als het nieuws minder tragisch is zegt hij: '... en ik wens u nog een héél prettige avond', met een brede glimlach.

Ik heb *Erwin Krol* nooit horen klagen over het weer, hij trekt hooguit een treurig gezicht of toont een stralende glimlach. Hij is duidelijk blij als hij ons mooi weer kan voorspellen: '..., met andere woorden: zomer!' zegt hij dan en kijkt zonnig in de camera. Of hij vindt het vervelend voor ons, dat het maar blijft regenen. Maar hij spreekt geen veroordeling uit, dat past niet bij zijn rol.

Het nieuws, het weer, de presentatie is zonder veroordeling. Denk je eens in wat er zou gebeuren als de nieuwslezer ineens vertrouwelijk naar voren zou leunen en zou zeggen: 'Weet u wie ik nou een echte kwal vind? De minister-president!' We zouden raar opkijken.

Ik zocht een woning in een grote stad. Ik was al maanden aan het zoeken en de tijd begon te dringen. Via een bevriende makelaar bekeek ik op een woensdagavond een pand, waarvan ik in eerste instantie dacht: 'O nee!' Ik heb heel andere ideeën over mijn ideale huis. Ik wilde al afhaken, toen ik mij realiseerde dat ik mij dat niet kon veroorloven. Ik besloot

*Wammes Waggel van stal te halen en vroeg hem: wat is nou enigjes aan dit huis?
Wammes wist het wel: het is groot, je kunt er lekker veel in kwijt. Er staat een ligbad: fantastisch! En heb je al gezien dat je vlak bij het centrum woont, denk je eens in wat een enorme mogelijkheden dat biedt!
En kijk eens! De tram stopt precies voor je huis. Tram 10, die gaat zowel naar het strand als naar het station. En wat helemaal mooi is, hij rijdt ook vlak langs de autogarage, zodat je ...
en zo ging hij nog een tijdje door.
Ik woon nu anderhalf jaar met heel veel plezier in mijn huis en dat had ik zonder Wammes niet voor elkaar gekregen. Ik zou, op grond van allerlei ideeën die ik heb over hoe de wereld in elkaar zit, veel te snel tot een negatief oordeel zijn gekomen.*

Vraag Wammes Waggel wat hij vindt en hij zal het je haarfijn uit de doeken doen. Zijn visie kan ook een ander effect hebben.

*Ik wilde een keukentafel kopen. Ik zag het prachtigste exemplaar dat ik me kan voorstellen en ik stond op het punt om het ding te kopen. 'Hoeveel gaat me die tafel kosten?' vroeg ik de verkoper. 'Twaalfhonderd euro', vertelde de verkoper mij. 'Een koopje meneer, het is de laatste.' Ik had mijn creditkaart al in mijn hand en besloot toch nog even met Wammes Waggel te overleggen.
'Niks enigjes' zei Wammes. Hij is loodzwaar, die krijg je nooit naar boven. Dat donkere hout staat niet in je keuken en bovendien is hij afgrijselijk duur. Heb je wel zoveel geld?' 'Ja hoor', zei ik stoer, maar ik wist dat het een hele aanslag op mijn budget zou zijn en de inrichting van mijn huis was nog lang niet klaar. Dan maar een jaartje wachten ...
Wammes keek sip. 'Niks enig', zei hij. 'Je kan er helemaal niet veel op kwijt.'*

Ik besloot dat de beoordeling van Wammes klopte. Ik wil bereiken dat ik niet uitsluitend een mooie tafel in mijn huis heb staan, en bovendien wil ik een grote tafel. Later kocht ik voor veel minder geld een heel grote, lichte tafel waar heel veel op kan.

Nu zul je misschien zeggen: Wammes heeft wél een mening! Hij vindt hem te donker, vindt hem duur en te klein. Maar dat is iets anders dan een veroordeling. Wammes kijkt naar wat hij zelf leuk vindt. Hij veroordeelt de tafel niet, maar kijkt naar wat hij wil bereiken en daar past deze tafel niet in, volgens zijn beoordeling.

Met andere woorden: Wammes bepaalt niet wat goed of fout is (veroordelen), maar hij weet wat hij zelf wil bereiken (beoordelen) en dan is iets 'enigjes' of 'niks enigjes'. Een eenvoudige en nuttige methode.

Het mooiste voorbeeld van Wammes Waggelgedrag zie je bij kleine kinderen. Zij bekijken de wereld nog onbevangen. Alles is interessant, niets is eng, gevaarlijk, lelijk, mooi. De dingen zijn hooguit veel, weinig, hard, zacht, lekker, vies en dat beoordeelt een klein kind het liefst met de mond. Alles eerst proeven en dan kiezen. Als het vies is, spuug je het snel uit en zet je het op een krijsen, als het lekker is, blijf je er nog een tijdje op sabbelen.

KARIKATUUR

Stel dat je alleen maar vanuit het scenario van de verwondering in het leven zou mogen staan. Je zou geen veroordeling mogen uitspreken. Je zou je niet mogen uitspreken over de zaken waarvan we graag zouden willen dat ze niet meer bestonden. Je zou geen veroordeling mogen uitspreken over mensen die je nadeel hebben berokkend of kwaad hebben gedaan. Onzin!

We leven niet in een Walt Disneyfilm, waarin de prinses alleen maar met naïeve verwondering rondloopt en wordt gered door de prins, als het haar allemaal een beetje te veel wordt. Be- en veroordeling houdt onze wereld leefbaar. We veroordelen zaken en personen die ons bedreigen of kwaad doen.
Het scenario van de verwondering behoedt je echter voor het maken van verkeerde keuzes, kan helpen te bereiken wat je wilt door een frisse blik op de zaak te werpen en geen kansen te missen door een te snelle veroordeling.

DE LOGISCHE WEG: DE PATRONEN

Al die subpersonen: misschien duizelt het je een beetje. Nooit heb je geweten dat je persoonlijkheid zoveel verschillende karakters bevatte, en zó heb je er negen. Kun je er nog wijs uit? Laten we ze voor alle zekerheid maar eens op een rijtje zetten.

| De Krijger | De Arrogante | De Leider | De Good Guy |
| De Rebel | De Stille | De Volger | De Schat |

Wammes Waggel

Figuur 1. De logische weg

Je ziet de subpersonen hier in tweetallen bij elkaar staan. Elke subpersoon lokt automatisch een andere uit, zoals we al zagen in het hoofdstuk *Gedrag roept gedrag op*. Een bepaalde subpersoon vindt steeds dezelfde andere subpersoon tegenover zich. Zo brengt de Good Guy teweeg dat de andere persoon zich als een Schat gedraagt. En omgekeerd. De Good Guy en de Schat horen als een paar bij elkaar, net als de Arrogante en de Stille, de Leider en de Volger en de Krijger en de Rebel. In het bovenstaande schema heb ik ze daarom paarsgewijs bij elkaar gezet.

Omdat het gedrag van de een het gedrag van de ander oproept, is het logisch dat ze samen in een vast patroon terecht kunnen komen.

We zagen het al bij binnenkomst. De lerares Frans was een verlegen typje. Wij werden dus superstoer! Bij elke Franse zin die ze uitsprak, deden we vervelend. We keken elkaar bijvoorbeeld niet-begrijpend aan en vroegen: 'Kunt u misschien voor een ondertiteling zorgen?', of woorden van gelijke strekking. Hoe meer ze haar best deed, hoe meer wij ons aanstelden. Ze werd op den duur verschrikkelijk boos. Met andere woorden: als wij maar lang genoeg de Rebel speelden, werd zij vanzelf Krijger.
Soms probeerde ze de Arrogante te spelen om ons tot gehoorzaamheid te dwingen, maar daar trapten wij niet in. Ik denk dat ze niet écht Arrogant kon zijn. We deden dan eventjes quasi-schuldig, maar wisten haar onmiddellijk weer te intimideren met ons vreselijke gedrag, waarop ze in woede uitbarstte.
Uiteindelijk heeft ze er de brui aan gegeven. Ik hoop dat ze op een andere plaats beter tot haar recht is gekomen.

Wij speelden de Rebel, zij reageerde met de Krijger. Ze probeerde de oorlog te winnen. Deze Krijger werd als het ware uitgelokt door het Rebellengedrag van ons, ettertjes. Uiteindelijk raakt dat patroon steeds 'vaster'. Het gedrag van de een versterkt dat van de ander en er lijkt op een gegeven moment geen weg meer terug. Beide subpersonen worden een karikatuur van zichzelf: de Rebel wordt een vervelend ettertje, de Krijger wordt een agressieve strijder.
Ieder paar subpersonen kan in zo'n patroon terechtkomen. Deze patronen heb ik een naam gegeven. Van links naar rechts:

Het patroon van de Krijger en de Rebel: *de agressiespiraal*
Het patroon van de Arrogante en de Stille: *het meester-slaaf model*
Het patroon van de Leider en de Volger: *het machtsspel*
Het patroon van de Good Guy en de Schat: *de liefdesdans.*

Van links naar rechts gaan de paren steeds meer van elkaar houden: links is de kant van haat en onvrede, rechts die van liefde en vrede.

de agressie-spiraal	het meester-slaafmodel	het machtsspel	de liefdesdans
Krijger	Arrogante	Leider	Good Guy
Rebel	Stille	Volger	Schat
	Wammes Waggel		

Figuur 2. De patronen die ontstaan als je de logische weg niet verlaat.

Vaste gedragspatronen zijn meestal niet bevorderlijk voor het bereiken van doelen.

Tenzij de lerares Frans een jaar oorlog wil voeren, is het niet handig als zij de situatie blijft benaderen als Krijger of als Arrogante. Ze zal op die manier nooit bereiken wat ze wil. Zolang wij consequent de Rebel blijven spelen, kan zij niet aan de agressiespiraal ontsnappen; we geven haar gewoon de kans niet. In het volgende hoofdstuk zal ik laten zien wat mogelijk wél werkt.

Het gedrag van de een roept in een vast patroon het tegenoverliggende gedrag bij de ander op. Met één uitzondering: Wammes Waggel staat alleen. Wat hij oproept bij anderen is niet te voorspellen. Hij zal nooit in een patroon terechtkomen. Ter illustratie een stukje 'werkelijkheid' van Marten Toonder.

In het verhaal 'De Giegelgak' komt Wammes een schuurtje binnen, waar Heer Bommel en Tom Poes wachten op een zogenaamde Gak. De bewoner van het schuurtje is Wammes Waggel, die er zandvormpjes verkoopt. Er onstaat de volgende dialoog:

'Dag luitjes!' riep de hutbewoner blij. 'Komen jullie vormpjes kopen?'
'Wammes Waggel!' zei heer Bommel verrast. 'Jij hier? Weet je ook waar de Gak is?'

'De Gak?', vroeg Wammes. 'Hihihi! Nee hoor, dat weet ik niet. Kom binnen, dan kunnen jullie uitzoeken wat voor vormpjes je wilt hebben.'
'Wat zeur je toch over vormpjes, jonge vriend', zei heer Bommel gemelijk. Hij stapte het gebouwtje binnen en keek misprijzend rond.
'Zandvormpjes', verklaarde Wammes Waggel. 'Ik heb alle soorten, hoor. Puddinkjes en vissen en sterretjes en van alles. Zoek maar uit! Ze zijn enig.'
'Hm', zei Tom Poes. 'Hoe ben je op het idee gekomen om hier zandvormpjes te gaan verkopen?'
'Ik kwam een oude meneer tegen', legde de koopman uit. 'Hij had reuze honger, zei hij, echt zielig hoor. Nou, toen heb ik hem de kaas van mijn brood laten eten en toen mocht ik een wens doen.' 'Jij ook al?', riep Tom Poes uit. 'Wat heb je gewenst, Wammes?' 'Om lol te hebben natuurlijk', zei Wammes. 'En toen zei hij dat dat een domme wens was en dat de domheid van een domme wens even groot is als helemaal geen wens te doen ... loop naar het Gakzand!', zei hij.

De opmerkingen van Wammes roepen verschillende reacties op. Ze geven alleen weer wat Wammes heeft meegemaakt en wat hij er zelf van gevonden heeft. Ze doen geen beroep op de ander. De anderen willen hun eigen doelen bereiken. Bij heer Bommel zie je irritatie en bij Tom Poes nieuwsgierige vragen. Eigenschappen die lezers van de Toonderverhalen kennen van deze beide hoofdfiguren. Met andere woorden: de anderen blijven gewoon zichzelf en zijn gericht op hun eigen doelen.

Laten we de vier patronen eens nader bekijken.

KRIJGER – REBEL: DE AGRESSIESPIRAAL

Als je de Krijger in stelling brengt, dus met een aangepaste dosis agressie je doel probeert te bereiken, zul je zeer waarschijnlijk een Rebel op je pad vinden: iemand die het niet met je eens is, tegen je in gaat.

Omgekeerd ook: als je Rebellengedrag vertoont, kun je een heftige, agressieve, reactie verwachten.

In het groot herken je het gemakkelijk. Een demonstratie loopt uit de hand loopt, en de ME *komt in actie. Dat gebeurt op een agressieve manier: wapenstokken, traangas, charges. Er ontstaat een gevecht. De kans is zeer groot dat zo'n rel 's avonds het journaal haalt.*

Een voorbeeld uit het dagelijks leven:

In het gezin van een jeugdvriendin werd op elke verjaardag een strijd gevoerd tussen haar vader, een beroepsmilitair, en haar oudste broer, actief in de Communistische Partij. Vader was zeer rechts en zoon was evenzo links. Er was weinig voor nodig om de strijd op gang te brengen. De zoon was de Rebel, de vader Krijger. Zij vertelde mij dat vader en zoon elkaar zelfs een keer te lijf waren gegaan boven aan de trap. Ze was bang geweest dat één van beiden naar beneden zou worden gesmeten.

Als de Krijger en de Rebel hun strijd niet onderbreken, kunnen ze gemakkelijk in een agressiespiraal terechtkomen. Anders gezegd: het patroon van aanval en verdediging leidt automatisch tot ruzie: de ene partij is het per definitie niet eens met de andere.

De langdurige strijd tussen groepen, zoals de Israëliërs en de Palestijnen, laat op een wrange manier zien hoe een conflict vast kan komen te zitten. In zo'n conflict zijn alleen maar verliezers, omdat beide partijen de ander niet willen en kunnen laten winnen. Hier is sprake van een echte agressiespiraal, met alle vreselijk gevolgen.

In het dagelijks leven zijn zowel de Rebel als de Krijger belangrijke vrienden. Ze helpen je bereiken wat je wilt als anderen bijvoorbeeld heel andere doelen hebben. Als je een aanvallende of verdedigende positie moet innemen om je eigen doelen te kunnen bereiken, zet je de Rebel of de Krijger in.

Ik zit in de trein van Londen naar Manchester. Dat is een eind rijden en ik heb me, met mijn reispartner, zo comfortabel mogelijk geïnstalleerd, zodat we lekker kunnen lezen en wat kletsen. Op een tussengelegen station stapt een man in. Hij gaat tegenover me zitten, met z'n benen ver onder de tafel. Hij zet z'n spullen vlak voor mij neer op het tafeltje, doet z'n ogen dicht en gaat slapen. Allereerst vind ik het onbeschoft wat hij doet, maar bovendien vind ik het heel onplezierig om geen tafelruimte voor me te hebben.

Ik aarzel even. Ik kijk naar de man en vermoed dat hij geen makkelijk persoon is, maar dat kan een vooroordeel zijn. Ik verzamel moed en vraag hem vriendelijk of hij zijn bagage boven op het rek wil zetten. Hij reageert niet en houdt zijn ogen dicht. De Schat werkt hier niet, ik besluit tot het inzetten van de Leider. Ik ga rechtop zitten, haal een keer diep adem en zeg hem dat ik wil dat hij zijn spullen in het bagagerek zet.

Hij opent langzaam zijn ogen en kijkt mij doordringend aan. Die blik moet mij er waarschijnlijk van overtuigen dat ik mij heel snel koest moet houden, want anders ... Ik vertaal dat direct als arrogant gedrag. Mijn neiging is dus: terugtrekken, me koest houden. Ook mijn reisgenoot adviseert mij om het er maar bij te laten. Om mij heen zie ik nieuwsgierige blikken: wat gaat hij doen?

Ik besluit mij niet te laten intimideren. Ik kies voor de Krijger: ik pak z'n spullen op en zet ze in het rek. De strijd brandt los: de man staat op. Hij is minstens twee koppen groter dan ik en heeft een paar aanzienlijke bovenarmen en zeer grote handen. Hij buigt zich over het tafeltje naar mij toe. 'Jij pakt NU die spullen uit het rek!', buldert hij en hij wijst met een dreigende vinger naar mij en vervolgens naar het rek. Als ik al de Krijger speelde, speelt hij een commando in staat van oorlog!

Ik schrik me rot en ben even helemaal uit het veld geslagen. Dat is het effect van de Arrogante, maar het nieuwe gedrag van de man roept ook een enorme boosheid bij me op. Wat verbeeldt zo'n vent zich wel. Ik verweer mij echter met veel minder boosheid dan ik voel. Hij is immers zó groot! Ik voel een behoorlijke angst en raak zeer gespannen.

Ik tover onmiddellijk de Good Guy te voorschijn. Ik praat redelijk tegen de man en zeg hem dat het enige wat ik wil is dat hij zijn spullen in het rek zet. Hij wordt nog agressiever.

Hij begint hard tegen me te praten en herhaalt steeds hetzelfde: 'Jij zet NU die spullen terug; jij zet NU die spullen terug!'

Gelukkig word ik gered door iemand die meer macht heeft dan ik: de conducteur. Ook hij

beseft dat de agressiespiraal niet het gewenste doel kan zijn. Hij biedt ons een plaats in een eersteklascoupé aan en geeft voor de schrik een kopje koffie. Ik ben blij met deze actie.
Ik zou grote problemen gekregen kunnen hebben. Maar ik voel me er wel prima bij dat ik me niet heb laten intimideren door het agressiescenario van deze bullebak.

ARROGANTE – STILLE: HET MEESTER-SLAAF MODEL

Als je de rol van de Arrogante goed speelt, zal de ander doen wat je wilt, je gehoorzamen. Dat kan hij doen vanuit waardering voor je kennis en je persoonlijkheid. Soms ligt het gewoon aan je positie: jij bepaalt wat er wel en wat er niet gebeurt.

Toen ik een nieuw vak wilde leren (trainer) werd ik ingewerkt door Willem. Willem was een zeer ervaren en bekwame trainer. Ik bewonderde hem enorm om wat hij deed. Willem gaf mij – zeker in het begin – allerlei aanwijzingen die ik vrijwel blindelings opvolgde. Ik had waardering voor zijn kennis én zijn persoonlijkheid.

Als je te ver gaat in het spelen van de Arrogante kan het gebeuren dat de anderen zich aan je onderwerpen. Ze gaan je, in een volgend stadium, vermijden of schakelen zelfs over op de Rebel. Als je daar dan als Krijger op reageert heb je de poppen weer aan het dansen.

Als Willem deze rol zou zijn blijven vervullen, had ik mij misschien aan hem onderworpen en was ik later – omdat ik zelf ook nieuwe ideeën ging ontwikkelen – tegen hem in verzet gegaan. Willem schakelde tijdig over naar de Leider en later naar de Good Guy. Op het laatst sprak hij mij aan als collega. (Zie het stukje over de rij-instructeur onder het hoofdstuk *De Leider*).
Ook in het openbare leven zie je dit patroon.

De bestuurders van een politieke partij en de Tweede Kamerfractie staan lijnrecht tegenover elkaar. De kranten schrijven al over een breuk, een deel van de Tweede Kamerfractie dreigt als zelfstandige eenheid verder te gaan: de agressiespiraal heet hier 'onoplosbaar conflict'.

Er moet een partijlid aan te pas komen die erin slaagt beide partijen weer bij elkaar te krijgen. Er komen Leiders met Volgers en Good Guys met Schatten tevoorschijn, om vruchtbaar, met vertrouwen in elkaar, verder te gaan.

Je komt dit patroon in het dagelijks leven onder anderen tegen in het ziekenhuis. De specialist is de partij met alle kennis, de patiënt is de onwetende. Vaak leidt dat bij de patiënt tot een houding van: Dokter, zegt u maar wat ik moet doen, en bij artsen tot een arrogante opstelling. Meester en Slaaf.

Mijn vader is ernstig ziek. Hij heeft een hersenbloeding gehad en is bijna niet meer aanspreekbaar. Mijn moeder belt mij: 'De dokter zegt dat hij de ziekte van Alzheimer heeft.' Alles in mij schreeuwt: mijn vader heeft géén Alzheimer. Ik wil het niet geloven en word onredelijk tegen mijn moeder.
Een paar dagen later word ik uitgenodigd voor een gesprek met de behandelend specialist. Met mijn moeder en mijn zus ga ik naar het ziekenhuis waar de stoelen al in een kringetje staan opgesteld. Wij wachten een half uur op Zijne Hoogheid De Arts. We zijn gespannen en vragen zo nu en dan aan een verpleegkundige waar Hij blijft. En dan plotseling verschijnt De Dokter. De verpleegkundige kondigt zijn bezoek aan en maakt ruimte als hij binnentreedt. De Dokter kucht een keertje en spreekt de woorden: 'Uw vader heeft Alzheimer, of u dat nu gelooft of niet.' En weg is hij weer. Ik ben met stomheid geslagen en 'vergeet' de honderd vragen die ik had willen stellen.

Dat is een zuiver voorbeeld van het meester-slaaf model: ik laat mij door de arrogante houding van deze autoriteit onmiddellijk monddood maken.

De Stille kan je wel helpen als je merkt dat je geen inbreng hebt in een gezelschap, als je je niet zo lekker voelt en ook als je gewoon niets te vertellen hebt. Ik heb eerder al het voorbeeld gegeven van de zeiltocht met mijn vrienden. Als ik mij niet helemaal onderwerp aan het gezag van mijn vriend, dan gaan we met z'n allen overboord en dat wil ik zeker niet bereiken.

Je hebt voor het inzetten van de Stille een dosis gepaste bescheidenheid nodig. Soms moet je gewoon gehoorzaam zijn!

Om te bereiken wat je wilt, moet je soms het meester-slaaf model doorbreken.

Ik ga in Londen in mijn eentje naar een pub. Ik wil wat contacten leggen, wat kletsen met mensen. Het is er druk, iedereen staat met iemand te praten en ik kom daar – als buitenlander – een beetje timide binnen. Ik bestel een biertje en ga even rustig staan afwachten. Niemand ziet mij natuurlijk. Ik begin me een beetje eenzaam te voelen tussen al die mensen.

Ik kan daar een hele avond blijven staan, maar dan heb ik niet bereikt wat ik wilde. Ik kan dus beter een andere subpersoon te hulp roepen. Bijvoorbeeld de Good Guy:

Ik loop naar de bar en kijk rond of er nog iemand is die niet druk aan het woord is. Ik zie een man zitten die met een importbiertje in de hand voor zich uit zit te staren. Ik beweeg mij in zijn richting. Ik vraag in het Engels of hij, net als ik, ook niet zo weg is van het Engelse bier. Hij blijkt uit België te komen!
We hebben een heel leuk gesprek over Belgisch bier en even later komen er een paar Engelsen bij staan, die vragen waar wij vandaan komen. We raken met zijn vieren in gesprek. Mijn doel is bereikt!

Ik heb, in plaats van de Stille, een heel andere subpersoon gekozen. Ik heb initiatief genomen, de Leider gespeeld die uit zichzelf op de situatie af gaat. Vervolgens ben ik de Schat geworden, die een vraag stelt en belangstelling toont voor de ander. De Schat heb ik afgewisseld met de Good Guy: met mij kun je plezierig omgaan.

Vaak is het inzetten van een andere subpersoon dan ik van nature gewend ben, behoorlijk lastig. Ik besef bovendien dat ik het niet hoef te doen, maar dat ik dan zeer waarschijnlijk niet bereik wat ik wil.
In het volgende hoofdstuk, *De lastige weg*, geef ik meer van die voorbeelden.

LEIDER – VOLGER: HET MACHTSSPEL

De leider speel je als je vanuit je kennis of ervaring het initiatief kunt en wilt nemen.

Wij rijden naar Italië in een mooie oude auto. Alles aan die auto is prima, behalve de koeling. Als je harder dan 90 rijdt, raakt hij aan de kook. Het is zondag. In Frankrijk zien we bij een Citroëngarage – het is een oude 'Snoek' – dat er mensen aan het werk zijn en we besluiten aan te kloppen om te kijken of er iemand zin en tijd heeft om even naar ons probleem te kijken. Ik wil al stoer naar de heren toelopen, als mijn reisgenote, een vriendelijke arts, voorstelt zelf te gaan. 'Ik denk dat ik weet hoe ik deze heren aan moet pakken', zegt ze. Bovendien is haar Frans beter dan het mijne. Ik vind het prima. De heren zijn even later graag bereid naar de motor van onze oude auto te kijken.

Mijn vriendin neemt de leiding ten opzichte van mij: stelt voor zelf te gaan en ik volg haar. Ik zie het voordeel van haar voorstel in en heb er geen problemen mee. Het was anders gegaan als ze had gezegd: 'Dat moet jíj niet doen, dan komt er niets van terecht, dat kan ik beter zelf doen!' Ze had dan de Arrogante gespeeld en ik had waarschijnlijk gehoorzaamd, maar niet van harte. De kans op een conflict was levensgroot geweest.

Vervolgens speelt mijn reisgenote de Leider bij de heren in de garage. Ze staat duidelijk rechtop, maakt hier en daar een grapje. Het is duidelijk aan alles dat ze een vrouw is die gewend is met mensen om te gaan en de leiding te hebben. De monteurs volgen haar als makke schapen.
Het was anders gegaan als ze naar binnen was gelopen, en min of meer smekend om hun hulp had gevraagd. De monteurs hadden dan wellicht gedacht: 'Wat een schatje' en haar ook geholpen, maar hun toon was misschien neergekomen op: 'Kom maar mevrouwtje, dan zullen we eens kijken wat we voor u kunnen doen'.

De Leider is ook adviseur, raadgever. Hij weet waar hij het over heeft en dat is aan zijn houding duidelijk te zien. De Volger speel je als je advies *nodig* hebt. Om in de medische sfeer te blijven: ik ga niet bij de dokter naar binnen om hem voor te schrijven welk recept hij voor mij moet uitschrijven. Nee, ik heb een vraag en ik verwacht dat hij mij een advies geeft, of op z'n minst vanuit zijn deskundigheid naar mij luistert.

Ik speel ook de Volger als mijn vriendin volgende week terug is van een grote reis. Ik vraag honderduit en wil precies weten wat ze allemaal gezien heeft. Ik wil alle foto's zien. Ik ben geïnteresseerd in haar verhaal en ben 'een en al oor'. Ik zal ook af en toe de Schat zijn en haar laten merken hoe leuk ik haar verhaal vind.
De Volger zorgt er ook voor dat de Leider zijn positie kan behouden. Als ik een vraag stel, kan de ander zijn kennis aan mij meedelen. Als ik volg, is de ander automatisch de Leider.

Ook het duo Leider - Volger kan in een patroon terecht komen. Als de Leider gaat verwachten dat de ander volgt, *omdat hij nu eenmaal de Leider is*, kom je in een machtsspel terecht. Dit machtsspel kan eruit bestaan dat de Volger zich meer en meer als een afhankelijke persoon gaat gedragen. De Leider wordt daarmee voortdurend in zijn machtspositie bevestigd. De afhankelijke Volger heeft natuurlijk ook macht. Hij hoeft niets te doen, hij hoeft zich alleen maar op te stellen als de kleinere.

Ik heb een oudere broer. In mijn kindertijd was hij de onbetwiste Leider. Hij liet mij zijn klusjes opknappen. Zo moest ik berichtjes overbrengen naar zijn mooie vriendinnetjes, omdat hij dat zelf niet durfde. Ik had echter ook zijn bescherming: ze moesten niet aan mij komen.
Zo hadden we beiden een voordeel, maar dat voordeel had zijn prijs. Ik had maar een beperkte vrijheid, hij moest soms voor zijn kleine broertje het gevecht met anderen – mijn ouders bijvoorbeeld – aangaan.

Een van beiden kan genoeg krijgen van dit machtsspel. Als het de Leider is, heb je kans dat hij de Volger meer verantwoordelijkheid gaat geven. Langzamerhand kan het patroon veranderen naar het spel van de Good Guy en de Schat of zelfs helemaal omkeren.

Een klassiek voorbeeld hiervan is te zien in de film 'The Sound of Music'. Herr Von Trapp is de baas in het gezin. Hij speelt in het begin van de film eigenlijk alleen de Arrogante: zijn wil is wet. Met een fluitje dirigeert hij zijn kinderen waar hij ze hebben wil.
Dan komt de nieuwe gouvernante, gespeeld door Julie Andrews. Het spel van Leider en Volger verschuift langzaam naar Good Guy en Schat en het uiteindelijke patroon in de film is dat van de liefdesdans. De gouvernante en de strenge vader worden verliefd en trouwen. We weten niet hoe het huwelijk verder is gegaan, maar het is niet ondenkbaar dat in bepaalde situaties de slimme gouvernante een leidende rol in de relatie vervult.

Het omgekeerde kan ook gebeuren. Het patroon Leider - Volger kan ontaarden in een gevecht, een gevolg van de agressiespiraal.

Tijdens het schrijven van dit boek zag ik een documentaire over de vader van het Belgische meisje Ann, die op tragische wijze is vermoord. De vader, zo bleek uit het TV programma (20 juli 2002, Nederland 3, Het Zwarte Schaap), nam vanuit zijn oprechte verontwaardiging een initiatief dat veel mensen aansprak. Een Leider dus, die Volgers oproept.
Langzaam maar zeker echter werd deze vader een goeroe. Een goeroe spreekt als het ware de gevoelens van een hele groep uit en zij volgen hem. De goeroe zegt wat de mensen eigenlijk zouden willen zeggen.
Zij gaan echter van de goeroe ook verwachten dat hij precies vertelt wat ze moeten doen. Anders gezegd: zij maken van hem de Arrogante: zeg wat wij moeten doen en wij zullen je gehoorzamen.

Maar de vader van Ann is een gewoon mens en maakt dus ook fouten. En dat wordt de goeroe niet toegestaan. De Volgers worden eerst Stillen, dan Rebellen en tenslotte Krijgers. Zij vallen hun Leider aan. De Leider die niet de rol van de Arrogante inneemt, wordt uiteindelijk Rebel: hij verdedigt zich tegen zijn aanvallers.
Uit het programma bleek dat in de loop van de tijd het aantal Volgers was gedaald en het aantal Krijgers was gegroeid. In de houding van de man tijdens de uitzending werd duidelijk

dat hij, naast het verdriet van een verloren kind, nogal te lijden heeft van de heftige kritiek die hem nu ten deel valt. Ik zag in de uitzending nauwelijks nog een Leider, maar een ongewilde Rebel, die zich verdedigde tegen een leger Krijgers. Zijn tegenstanders waren ook uitgenodigd om aan het programma mee te werken.

Een tragisch voorbeeld van een Leider die uiteindelijk door het publiek afgemaakt wordt.

GOOD GUY – SCHAT: DE LIEFDESDANS

Laten we eerlijk zijn. Het lijkt er toch heel sterk op dat we het patroon van de liefdesdans meestal nastreven. Ik las vanmorgen (15 augustus 2002) in *de Volkskrant* het volgende:

'Ik denk steeds maar, het is schijn, jullie Nederlanders kúnnen niet streng zijn', zegt Nederlandkenner James Kennedy in Vrij Nederland. Maar het kan dus wel, te beginnen tegen de bolletjesslikkers. Kennedy vindt dat wij daarmee onze volksaard verloochenen. De felheid van nu zal van korte duur lijken te zijn, denkt hij. 'Daar zijn historische voorbeelden van. Na een lange periode van rust doet zich plotseling een heftige reactie van het publiek voor, die even aanhoudt en vervolgens weer wegebt.'

Wij Nederlanders hechten aan beleefdheid, zorg voor elkaar, zorg voor anderen, gezelligheid en vooral geen conflicten: het zogeheten poldermodel. Een eigen volksaard. Het typeert onze cultuur, zoals de temperamentvolle en heftige natuur van de Italianen en Spanjaarden ook typisch voor die volken zijn.

De Good Guy en de Schat vullen elkaar prachtig aan in het beeld van typisch Nederlands gedrag.

Prachtige karikatuur van dit patroon zie ik in Debiteuren Crediteuren uit het programma Jiskefet. 'Goeiesmorgens Jos!' – 'Goeie morgen, deze morgen Edgar', elke ochtend weer, met een onverwoestbare glimlach op het gezicht. Lachen om elkaars domme grapjes, elkaar blindelings vertrouwen.

Natuurlijk wordt ook dit patroon een schijnvertoning, zoals in Jiskefet zo mooi werd bespot. Je bereikt niet altijd wat je wilt door vriendelijk en aardig te zijn. Hopelijk hebben de bovenstaande paragrafen dat al meer dan duidelijk gemaakt. Ik noem het daarom ook wel het 'wat-hebben-we-het-toch-gezellig-sfeertje'.

In de jaren zestig en zeventig had je veel van die zogenaamde therapiegroepen. Bij binnenkomst werd iedereen (!) uitvoerig geknuffeld en gekust en hoe heftig de therapiesessies ook waren, buiten deze sessies om werd iedereen (!) weer uitvoerig geknuffeld en gekust. Daardoor werd kritiek buiten de deur gehouden en werd een toneelstuk opgevoerd waar de zogenaamde therapeuten hun koffie en (kruiden)thee van konden betalen.

Ik wil hier nadrukkelijk bij vermelden dat niet álle therapeuten uit de jaren zestig en zeventig zich hier schuldig aan maakten. Er werkten toen uitstekende vakmensen, die hun cliënten daadwerkelijk verder hielpen. Maar er waren ook knoeiers bij.

De Good Guy en de Schat hebben, net als de andere drie paren, hun eigen onschatbare waarde. Zij zorgen ervoor dat mensen elkaar respect tonen, elkaar steunen en elkaar om hulp vragen. Zij zorgen voor de goede sfeer, waarin we het met elkaar plezierig kunnen hebben. Zonder de Good Guy en de Schat zou het leven er somber uitzien.

DE LASTIGE WEG: HET KOMPAS

Je kiest een subpersoon en kruipt in zijn huid. Dat komt neer op het spelen van een rol. Je 'wordt' de Krijger, de Stille of de Good Guy. In het vorige hoofdstuk heb ik de subpersonen die bij elkaar horen, steeds in tweetallen tegenover elkaar gezet. Het gedrag van de een roept het gedrag van de ander op en zolang je daarmee bereikt wat je wilt, is er niets aan de hand. Maar ... de ander speelt ook rollen. En die rollen kunnen je soms behoorlijk wat last bezorgen, als ze botsen met wat jij wilt bereiken.

Ik wil snel met de roltrap naar boven, want ik wil binnen tien minuten het warenhuis weer uit zijn. Vóór mij op de roltrap staan twee mensen in alle rust te kletsen. Ik vraag of ik er even langs mag. 'Heb je haast of zo?!' krijg ik als antwoord en ze kletsen gewoon verder. Ik duw de man opzij en wordt hardhandig bij mijn arm gepakt. 'Hé vader, dat gaat zo maar niet.' Boven aan de trap gekomen duwt de kerel me opzij en gaat met z'n vriendin op de volgende roltrap staan, waar ik ook op wil. Wéér mag ik er niet door. Ik word nu echt boos en geef de man een harde duw. Hij draait zich om en haalt uit. Een uur later kom ik bij in het ziekenhuis.

Gelukkig voor mij is dit een fantasieverhaal, maar helaas doen zich dergelijk situaties wel voor. Haast, geïrriteerdheid, arrogantie: opgeteld kunnen ze gemakkelijk tot een conflict leiden en uit een conflict kan geweld voortkomen, de agressiespiraal dus. Zoals we eerder zagen is agressie in ons gedrag soms heel nuttig, maar in een situatie zoals hier omschreven bereikte ik er weliswaar mijn doel mee – ik was snel weer buiten – maar niet op de manier die ik me had voorgesteld.

Laten we de situatie daarom nog eens nader bestuderen. Ik vroeg de man of ik er even langs mocht. Dat was een goede keuze om te bereiken wat ik wilde: ik had haast, dus ik wilde er langs. In het algemeen zal iemand daar niet moeilijk over doen en opzij gaan: een alledaags voorbeeld van leiden en volgen, waar ik verder niet eens bij stil zou staan. Of het nou kwam door de gehaaste toon in mijn stem weet ik niet, maar de man reageerde anders dan ik verwacht had. Hij speelde het competitiescenario. Hij hoopte daarmee te bereiken dat ik me zou terugtrekken, en gehoorzaam zou afwachten tot we boven waren. Maar dat deed ik niet. Ik wilde er toch langs.

Ik koos dus voor het agressieve scenario: ik duwde hem opzij. En zoals we zagen in het vorige hoofdstuk *De logische weg* belandden we in een agressiespiraal, een model dat vaak tot zeer onaangename situaties leidt.

Voor alle duidelijkheid: er zijn de laatste jaren enkele afschuwelijke geweldsincidenten geweest, waarbij onschuldige mensen werden gedood. Zoals in het geval van Meindert Tjoelker, die iemand wilde beschermen tegen de agressie van een groep gewelddadige jongens. Waarschijnlijk kon Tjoelker niets doen om te voorkomen dat hij werd gedood. Mensen kunnen – bijvoorbeeld onder invloed van drugs of alcohol – zo doorschieten in hun agressie dat daar niets meer tegen helpt, ook niet het spelen van een andere rol.

Als de agressie nog te hanteren valt, kun je met het aannemen van een andere rol vaak succes boeken.

Ik kan de man op de roltrap misschien met een grapje toch zover krijgen opzij te gaan. Ik moet hem goed laten merken dat ik hem op geen enkele manier wil aanvallen. Gezien de korte tijd en de openbare plek en het feit dat er allemaal mensen omheen staan, lijkt me dat overigens zeer onwaarschijnlijk. De man wil kennelijk een stoere indruk maken en daar laat hij zich door mij niet in hinderen.

Dat het inzetten van onverwacht gedrag een abrupt einde kan maken aan een onaangename situatie, maakte ik onlangs mee in de tram.

In de tram zit een man wat voor zich uit te staren. Plotseling staat een jongen van een jaar of twintig in het gangpad tegen hem te schreeuwen: 'Jij moet voor je kijke!' De man schrikt, trekt een beetje wit weg en kijkt snel een andere kant uit. Maar de jongen gaat door: 'Jij moet voor je kijke!' Een vrouw van een jaar of zestig staat op: gaat voor de jongen staan, pakt hem bij zijn broekband en zegt: 'En nou zitten jij, snotneus!' De jongen gaat zitten en we hebben hem niet meer gehoord.

Als iemand het agressieve scenario speelt, betekent dat, dat hij je wil intimideren. Intimideren wil zeggen dat je iemand dwingt tot ander gedrag door hem bang te maken. Dat is een vorm van bereiken wat je wilt. Als die vorm mij niet bevalt, moet ik dus zorgen dat ik niet doe wat hij wil, maar dat ik doe wat ik wil. In dit geval: de vrouw gehoorzaamt niet, maar geeft duidelijk aan wat ze wil. Dat betekent wel, dat de ander haar moet accepteren als iemand naar wie geluisterd moet worden.

In het voorbeeld accepteerde deze jongeman de oudere vrouw als autoriteit, als Leider. En dat werkte. Als een jongen van dezelfde leeftijd zich met dezelfde tekst tot hem had gericht, zou hij het spel waarschijnlijk hebben opgevat als een aanval. In dat geval zou het tot een vechtpartij hebben kunnen komen.

Nu volgt een belangrijk deel van dit boek. De logische weg komt je waarschijnlijk min of meer vanzelfsprekend voor. In voorspelbare situaties zijn de patronen en de scenario's die ik beschreven heb, een vanzelfsprekende zaak. Aanval en verdediging, opdracht en gehoorzaamheid, leiden en volgen, wie goed doet goed ontmoet. Zo zou je de vier patronen goed kunnen samenvatten. En dan nog Wammes Waggel met zijn onbevangen blik op het leven: de nar, die zowel de vreugde als het verdriet volledig ondergaat.

Maar hoe moet je reageren op iemand die helemaal niet meedoet in het patroon? En wat moet je doen als je zelf niet in zo'n patroon terecht wilt komen, omdat je daarmee niet bereikt wat je wilt? Meestal gaat het in deze situaties om het meer doorgeschoten gedrag van de verschillende subpersonen: de karikaturen. De Leider wordt dominant, de Good Guy wordt vervelend amicaal, de Schat wordt een slijmbal, de Volger wordt afhankelijk, de Stille raakt geïsoleerd, de Rebel is het met niets en niemand eens, de Krijger wordt agressief en de Arrogante wordt een dictator. Het is vaak lastig om met dit gedrag om te gaan. Als het gedrag doorschiet, kun je er meestal ook niet veel tegen uitrichten.

De 'finishing touch' van mijn methode biedt uitkomst. Ik rangschik de subpersonen daarvoor op een andere manier. Het schema in het vorige hoofdstuk geldt voor *De logische weg*, die weg die je bijna vanzelfsprekend volgt. Het is als het ware het bospad met de gekleurde paaltjes. Je blijft de paaltjes volgen en je komt uit bij het gewenste punt, daar waar je wilde zijn, wat je wilde bereiken.

Het volgende schema hoort bij *De lastige weg*. Je volgt niet de gekleurde paaltjes, maar de grillige, onvoorspelbare paadjes tussen de bomen, met het risico dat je een beetje verdwaalt en goed moet zoeken waar je naar toe wilt. Tegelijkertijd moet je ook goed in de gaten houden waar je precies bent, bijvoorbeeld met een kompas. Zo'n kompas geef ik je mee. Het ziet er zo uit:

Wammes Waggel	De Arrogante	De Leider	Wammes Waggel
	De Krijger	De Good Guy	
	De Rebel	De Schat	
	De Stille	De Volger	

Figuur 3. De lastige weg: het kompas

In dit schema zie je horizontaal weer paren van subpersonen. De Arrogante en de Leider zijn nu een paar. Als je nu Arrogant gedrag *bij een andere persoon* tegenkomt en je hebt daar last van, kies je voor de Leider. Daarmee dwing je de Arrogante als het ware tot ander gedrag.

De man knipt met zijn vinger en gebaart de vrouw voor hem te komen staan. Zij kijkt hem recht aan en zegt: 'Ik begrijp dat je me iets wilt vragen, maar ik wil niet dat je me op deze manier commandeert. Ik wil dat je me gewoon vraagt om naar je toe te komen.' En ze blijft waar ze is.

Soms lijken subpersonen op elkaar. Misschien denk je in dit voorbeeld aan de Rebel, die zich verdedigt tegen de Arrogante. Hier is echter de Leider aan het woord en niet de Rebel. Die zou zeggen: 'Ik kijk wel uit! Ik laat me door jou niet commanderen!' De Leider laat duidelijk en helder weten wat zíj wil bereiken. De Rebel gaat tegen de ander in.

Ik zal aan de hand van het volgende voorbeeld laten zien hoe je, met behulp van dit kompas, kunt bepalen welke subpersoon je kiest als je in een – voor jou – lastige situatie met iemand anders terecht komt.

Ik huur voor het eerst in mijn leven een werkster in. Ik heb besloten dat als ik voor een tandarts betaal, voor een loodgieter, voor een schilder, voor de onovertroffen garagemensen, ik ook wil betalen voor iemand die mijn huis schoonmaakt. Ik heb wel wat schroom moeten overwinnen, maar nu gaat het er dus echt van komen.
Rrrrrring. De deurbel.
'Ben ik hier bij de heer Van Dijk?'
'Ja. Zeg maar Bert', zeg ik blij. Ze ziet er keurig uit, lacht vriendelijk ... mijn eerste indruk is positief. We drinken koffie, die ik natuurlijk al klaar had staan.
'Het lijkt me een goed idee als ik je het hele huis laat zien en je vertel wat ik belangrijk vind en zo. Is dat goed?'
'Natuurlijk, meneer Van Dijk.'
'Bert ...'
'.......'

Drie weken later.

'Meneer van Dijk ...' 'Zeg toch Bert.' 'O ja, wat ik vragen wil, waar moet ik de stofzuiger laten?' 'Zet maar gewoon terug in de gangkast.' 'Welke van de twee?' 'De linker.' 'O ja, natuurlijk.'
Vijf minuten later: 'Meneer van Dijk?' 'Hm ... ja ...' 'Weet u waar het schoonmaakmiddel voor de badkamer staat? Vorige week stond het naast het bad, nu niet meer.' 'Kijk eens onder het aanrechtkastje.' 'Ja, maar dat is het schoonmaakmiddel voor de keuken toch? Ik dacht dat u voor elke ruimte een apart flesje had staan.' 'Dat is wel zo, maar dat heb ik gedaan omdat ik dat handig vond. Als ik zelf moest schoonmaken, deed ik het er even tussendoor en had ik overal zo'n flesje staan. Dat betekent niet dat je die flesjes ook per se daar moet gebruiken waar ze staan. Pak er maar gewoon een, goed?' 'Goed ...'
Vijf minuten later: 'Meneer Bert, wat zal ik nu gaan doen?' 'Je zou misschien de kamer kunnen stofzuigen, ik had afgelopen weekend een hond in huis en dat geeft veel haren, zie je.' 'Waar is de stofzuigerslang?' 'Daar!' 'Waar dan?'
Ik word boos ...

Zie je welk patroon hier ontstaat? Het is het machtsspel. Dat zal ik uitleggen. Ik ben in mijn huis ten opzichte van de werkster de 'baas', maar ik verwacht van de werkster dat ze de leiding overneemt als ze haar werk gaat uitvoeren. Dat ze zich houdt aan de afspraken, en binnen die afspraken zelf initiatieven neemt.

Vergelijk het met de tandarts, die soms enkele minuten (of uren ...) de 'baas' is over mijn mond. Althans, voor zover het op de uitvoering van de afgesproken behandeling neer komt. Stel nu dat de tandarts zou vragen: 'Meneer van Dijk ...' 'Zwegh mhar Bhrt' stamel ik. 'Bert, ik stel voor dat we nu met deze boor een ruimte creëren in je kies nummer zoveel en dat ik die dan vervolgens ga vullen, zodat je gaatje je geen problemen meer kan veroorzaken. Of zal ik boor nummer zoveel nemen?' 'Whik fzou heth nt wethen dktr!!'

Dat kan toch niet. De tandarts weet wat er moet gebeuren om te bereiken wat hij wil als hij mij moet helpen. Hij heeft dus macht, neemt zelf de beslissingen. Datzelfde geldt voor de werkster. Ik wil de kamers graag schoon hebben. Omdat het mijn huis is, is het niet gek als de werkster vraagt waar de zaken staan die ze nodig heeft, maar het is niet prettig als ze me steeds moet vragen wat ze moet doen. Met andere woorden: ze stelt zich afhankelijker op dan ik wil. Ik wil dat ze zelf bepaalt *hoe* ze het huis schoonmaakt.

Wandelend op 'de logische weg' geef ik haar steeds trouw antwoord op al haar vragen. Zodoende raken we samen in het machtsspel betrokken: zij speelt de Volger, ik de Leider. Zij kan lekker wachten tot ik zeg wat ze moet doen en ik houd de touwtjes strak in handen. Dat wil ik niet. Ik wil bereiken dat ze meer initiatief neemt. Maar als ik zeg dat ik wil dat ze het initiatief neemt, houd ik nog steeds de leiding. Dat is dus ook niet de juiste manier.

Dan is het tijd voor de methode:
1 Ik haal 1× diep adem.
2 Ik kijk de situatie rustig aan, ik bepaal welk belang voorop staat en neem een besluit over wat ik wil bereiken.
3 Ik kies een subpersoon die mij kan helpen, via de logische of via de lastige weg.
4 Ik 'word' tijdelijk die subpersoon.

1 Ik haal diep adem ...
2 De situatie: na drie weken weet mijn werkster echt wel waar alles staat. Ze weet wat voor mij belangrijk is en wat niet, voor zover het gaat om de dingen die ze moet doen. Mijn belang is nu vooral dat ze wat zekerder van haar zaak is en zich minder afwachtend opstelt.
3 Ik kies voor de lastige weg, want de logische weg leidt tot een doodlopende weg: het machtsspel. Ik kijk nu op mijn kompas en zie naast de Volger de Stille staan: ondanks mijn 'logische' reactie van Leider, moet ik nu kiezen voor de Stille.
4 Ik zeg dus bijvoorbeeld: 'Tsja, ik weet het ook niet' of ik zeg misschien wel helemaal niets of 'Kijk zelf maar even, ik ben nu te druk', waarmee ik me in feite terugtrek.

Mijn werkster zal nu iets anders moeten gaan doen. Ze weet dat als ze het nog een keer vraagt, ik hetzelfde antwoord zal geven of weer niets zal zeggen. Waarschijnlijk zal ze nu zelf een beslissing nemen en daarmee het risico lopen dat ze iets niet helemaal goed doet, maar... dan kan ze tenminste tegen mij zeggen: 'Je hebt gezegd dat ik het zelf mocht bepalen!' Doordat ik de Stille werd, probeer ik in haar de Arrogante wakker te maken. De Arrogante, die trots is op haar eigen manier van werken, die zelf bepaalt wat er moet gebeuren en die desnoods tegen mij zegt: 'Bert, je moet wel zorgen dat er voortaan koffie in huis is als ik kom!'

De lastige weg vind je door op je kompas te kijken. Dat geeft, net als bij een echt kompas, de *richting* aan die je kunt inslaan. Het is verder natuurlijk aan jou, *hoe* je dat doet.

Ten slotte nog even terug naar de lerares Frans uit het vorige hoofdstuk. Laten we de lastige leerlingen benoemen als Rebellen. Dat klopt ook wel, want hun gedrag roept woede en razernij op (de Krijger). Op het kompas zie je naast de Rebel de Schat. Wat de lerares had kunnen doen was dus de Schat spelen. Zij had bijvoorbeeld een aantal mensen uit de groep kunnen uitnodigen voor een lunch en met ze praten over hun visie. *'Wat zouden jullie in mijn geval doen?'* Ze kan daarbij aangeven dat ze graag haar best wil doen om er een leuk en interessant jaar van te maken, maar dat ze dat op deze manier niet voor elkaar krijgt.

Mijn economieleraar op de middelbare school was meneer H. Meneer H. had het niet makkelijk met onze klas. Op een dag nam hij ons mee naar een universiteit om mee te werken aan een onderzoek. Hij liet ons die dag veel dingen zelf ontdekken en hij bleek een erg aardige vent te zijn. De rest van het jaar heeft hij geen problemen meer met ons gehad.

Als mensen de Rebel spelen is daar meestal een reden voor. Vaak zal de Rebel handelen vanuit bezorgdheid of zelfs angst. Hij gaat zich verdedigen omdat hij zich aangevallen voelt. Als je daar vertrouwen en belangstelling tegenover stelt, zal de Rebel in de meeste gevallen veranderen in een Good Guy. Dat gebeurt niet altijd zo snel als we wel zouden willen, maar een verandering breng je meestal wel teweeg.

VOORBEELDEN

DE LEIDER
Rolf is brandweerman. Wij ontmoeten elkaar zo af en toe en dan vertelt hij graag over hoe goed hij is in zijn werk. Hij beschrijft in geuren en kleuren de enorme acties die hij onderneemt en hoe hij zich onderscheidt van zijn collega's. Natuurlijk blijkt uit alles dat zij maar klungels zijn, vergeleken bij Rolf.
Wij luisteren geduldig en proberen hem af te leiden door voorzichtig over andere zaken te beginnen. We snappen wel dat hij er behoefte aan heeft om over de soms riskante en aangrijpende gebeurtenissen in zijn werk te vertellen, maar willen hem niet de hele avond aanhoren! Op een gegeven moment is mijn geduld op. Ik wil ook over mijzelf kunnen vertellen en naar verhalen van anderen luisteren. Ik kijk op mijn kompas en zie dat ik in plaats van de Volger – die moedigt de Leider eerder aan – beter de Arrogante kan kiezen.
Ik begin krachtig over een heel ander onderwerp te praten en elke keer als Rolf me in de rede valt, praat ik nog net iets harder, zodat ik de aandacht vasthoud. Na een paar minuten geeft hij op. Hij zwijgt en er is ruimte voor de anderen om te praten.

DE GOOD GUY
Ik heb een vrouw gekend die beschikte over bijzondere gaven. Zij kon met haar handen genezen. Zij was daar heel trots op en zij vond het heerlijk om mensen te helpen die zich niet goed voelden. Ze glimlachte altijd en was een buitengewoon vriendelijke vrouw. Een echte Good Girl. Bij haar thuis hadden we een weekend georganiseerd om met een groep mensen allerlei plannen te maken. Op een gegeven moment kreeg ik een behoorlijke hoofdpijn. Onmiddellijk stond Wilma achter mij, met haar handen op mijn hoofd. Ze had maar een half uur nodig om mijn hoofdpijn weg te nemen, zei ze. Ik kon het haar niet aandoen om dit vriendelijke verzoek te weigeren. Dus ik zat een half uur in een stoel. Vervolgens kreeg ik een serie pilletjes die ik moest innemen. Ik deed wat zij wilde. Ik gedroeg mij als de Schat.
Een paar weken later zag ik haar weer en helaas voelde ik mij alweer niet zo lekker. Onmiddellijk bood zij haar diensten weer aan. Zij bedoelde het goed, maar ik herinnerde mij

de vorige keer en besloot er niet aan toe te geven. Ik keek – in gedachten – op mijn kompas en zag daar de Krijger staan.
Het kostte mij moeite, maar ik zei tegen haar dat ik het vervelend vond dat ze zo ongevraagd aan mijn hoofd zat. Ik vertelde haar dat ik dat liever niet wilde. Natuurlijk riep ik daarmee teleurstelling op. Wilma zei dat ze het toch goed bedoelde en dat ik het zelf maar moest weten. En dat was precies wat ik wilde bereiken.

Natuurlijk hoefde ik het hier niet bij te laten. Later haalde ik mijn Good Guy weer tevoorschijn en besprak met haar de situatie. Op dat moment echter bereikte ik met de Krijger mijn doel.

Lees ook de voorbeelden elders in dit boek nog eens over met dit kompas ernaast: mijn vroegere directeur, de kinderen die hun huiswerk niet willen maken. Het kompas voorkomt dat je met anderen terecht komt in een patroon dat je niet helpt te bereiken wat je wilt.

OMGAAN MET LASTIG GEDRAG

En nu op stap; neem je nieuwe vrienden mee!

Ik heb je laten zien hoe je om kunt gaan met lastig gedrag van anderen. Mijn methode kan je daarbij behulpzaam zijn, zoals ik steeds maar blijf beloven! In de hoofdstukken *De logische weg* en *De lastige weg* liet ik al zien dat je niet altijd bereikt wat je wilt als je de logische weg bewandelt. Als iemand de leiding neemt en je wilt zelf het initiatief houden, kun je maar beter duidelijk maken dat je de ander niet in die rol accepteert. Je kiest voor de lastige weg.

Dat lijkt natuurlijk heel simpel maar dat is het niet, zeker niet als je in een lastige situatie zit. Daarom noem ik het dan ook de 'lastige weg'. Het wordt nog moeilijker als je echt bang bent. Hoe irreëel die angst misschien ook is, hoe dom je jezelf misschien ook vindt, bang is bang. Aan die angst kun je vaak iets doen. Als je in een bepaalde situatie veel angstiger bent dan eigenlijk aanvaardbaar is, is het van belang te onderzoeken wát je zo ontzettend bang maakt.

Ik moest een keer de conciërge van mijn middelbare school bellen omdat ik een meisje wilde uitnodigen mee naar een feest te gaan. Ik had haar telefoonnummer niet. Ik wachtte tot het allerlaatste moment, omdat ik zo bang was die man te bellen. Toen ik hem aan de telefoon had, beefde ik als een rietje en kon ik niet uit mijn woorden komen. De man deed precies waar ik al die tijd zo bang voor was, hij snauwde tegen me, iets in de trant van: 'Ja, wat is er nu eigenlijk, wat wil je?!'

Uiteindelijk kreeg ik het nummer en kon ik dat meisje bellen. Zo mogelijk nog enger!
Toen ik haar eindelijk aan de telefoon had, bleek ze al met iemand anders naar het feest te
gaan. Tsja ...!

Was er werkelijk iets om bang voor te zijn? Wat kon de conciërge me doen? Was dat meisje gevaarlijk? Allemaal vragen waar je heel makkelijk antwoord op kunt geven. Toch was mijn angst reëel. Er was een vreemde verhouding tussen de gebeurtenis en mijn reactie erop. Die was 'irrationeel'. Dit onderwerp wordt uitgebreid behandeld in boeken over de RET (Rationeel Effectieve Training), waarvan je achter in dit boek een paar titels vindt.

Ik herhaal de methode nog eens:
1 Je haalt 1× diep adem.
2 Je kijkt de situatie rustig aan, je bepaalt welk belang voorop staat en neemt een besluit over wat je wilt bereiken.
3 Je kiest een subpersoon die je kan helpen, via de logische of via de lastige weg.
4 Je 'wordt' tijdelijk die subpersoon.

Ik geef aan het slot van dit boekje nog een aantal voorbeelden van de methode in verschillende situaties. Als je een beetje wilt oefenen, kun je, voordat je mijn oplossingen leest, zelf bedenken wat je zou doen met je kompas in de hand.

OP STRAAT
Ik word op straat aangesproken door mijn benedenbuurman die schade heeft opgelopen
door een lekkage van mijn wasmachine. De verzekering heeft de schade kennelijk nog niet
uitbetaald en dat wil hij mij vertellen. Dat gaat als volgt:
Terwijl ik met mijn zoon een bankje uit een vrachtauto laad, ziet de man mij en roept:
'Hé, Van Dijk!' Ik kijk om en de man wijst naar mij met zijn wijsvinger. Deze wijsvinger zit aan
een arm vol tatoeages, die weer vast zit aan een gespierd lijf, waar een hoofd op staat dat,
laten we zeggen, niet uitnodigt tot een warme omhelzing.

1. Ik haal diep adem. Daardoor zorg ik ervoor dat ik mij niet direct laat meeslepen door het gedrag van de ander.
2. Ik kijk de situatie eens rustig aan. Wiens belang heeft hier de voorkeur. En ... wie is hier de baas over wie? Hij moet mij niet gaan vertellen wat ik in mijn eigen tijd voor mijn eigen huis doe.
Ik besluit dat mijn belang op dit moment groter is en dat ik wil bereiken dat we op een door mij gekozen moment over de verzekeringskwestie spreken.
3. De man speelt duidelijk de Arrogante. Dat betekent dat ik hem niet boos moet maken, want dan kan hij wel eens heel vervelend worden. Aan de andere kant wil ik het moment kiezen waarop we over de kwestie praten, dus ik zal dat duidelijk moeten zeggen, zonder hem onnodig op stang te jagen. Ik kies uit mijn rijtje subpersonen de Leider. Ik kies dus voor de lastige weg. Hij kan als reactie daarop vriendelijk, maar duidelijk aangeven wat hij wil.
4. 'Ah, buurman, je hebt het ongetwijfeld over die lekkage. Ik ben nu even bezig met deze bank, ik kom over een kwartiertje bij je.'

IN HET GEZIN

Mijn zoon en ik zitten samen aan tafel. Ik werk aan mijn boek, hij aan zijn huiswerk. Regelmatig doet zich de volgende situatie voor:
Hij vraagt: 'Wat is ein Zwiebel?' Ik zeg: 'Een ui'. 'O ja. Wat is een kilo spruitjes?' Ik zeg: 'Dat weet ik niet.' 'O ja.' En zo gaat dat een tijdje door. Op een gegeven moment blijkt dat ik niet verder kom met mijn boek omdat ik als woordenboek fungeer, terwijl hij als een razende door zijn huiswerk heen vliegt! 'Ik ben klaar!', roept hij blij. En hij gaat een computerspel spelen, terwijl ik nog niet veel verder ben gekomen.

1. Ik haal eerst diep adem. Mijn eerste impuls is een geërgerde reactie, maar ik besef onmiddellijk dat ik niet geërgerd wil reageren, want ik heb hem gezegd dat ik hem wil helpen met zijn huiswerk. Even diep ademhalen voorkomt een al te primaire reactie.
2. Ik kijk eens rustig terug op de situatie. Wiens belang heeft hier voorrang en ... wie bepaalt wat er gebeurt? Ik wil verder met mijn werk, hij wil snel zijn huiswerk afmaken. Als ik blijf antwoorden kom ik niet verder. Hij is lekker snel klaar. Dat wil ik niet. Ik kies dus voor mijn

eigen belang. Bovendien leert hij ook beter als ik niet alles voor hem oplos. Ik wil dus bereiken dat ik verder kan met mijn werk. Toch wil ik hem ook helpen.

3 *Mijn zoon speelt de afhankelijke (zie onder 'karikatuur' bij de Volger). Hij wacht af tot ik het antwoord geef en stelt zich op alsof hij niet in staat is zelf initiatieven te nemen. Ik besef dat hij dat eigenlijk wel vaker doet. En omdat ik steeds bereid ben de leiding te nemen, verandert hij dat ook niet. Ik kies uit mijn vriendenkring dus voor de Stille: de lastige weg.*

4 *Ik antwoord niet elke keer en ik zeg op een gegeven moment dat ik nu geen tijd voor hem heb en later met hem de zaken zal doornemen die hij niet zelfstandig kan oplossen. Als hij klaar is, nemen we zijn huiswerk nog even door en ik ben intussen aardig opgeschoten. Beiden tevreden!*

DE KEUKENTAFEL

We zijn aan het einde gekomen van dit boek. Voordat we afscheid nemen, wil ik even met je rond de keukentafel gaan zitten. De keukentafel is voor mij de plek om me 's morgens met een kop koffie op de komende dag voor te bereiden en 's avonds met een biertje op de afgelopen dag terug te kijken.

Ik stel mezelf 's morgens altijd twee vragen: wat wil ik vandaag in elk geval bereiken en wat wil ik in elk geval vermijden? 's Avonds kijk ik terug op de dag: wat heb ik vandaag bereikt en wat blijft nog liggen tot morgen? Zeker als ik 's morgens de eerste vraag heb beantwoord, heb ik 's avonds iets om op terug te kijken.

Het is zaterdagochtend.
Ik zit met mijn kopje koffie aan de keukentafel. Ik heb hard gewerkt de afgelopen week, daarom wil ik dit weekend gebruiken om uit te rusten. Ook wil ik wat concrete plannen maken voor de vakantie met de kinderen, want anders zijn alle leuke plekjes al vol. We willen in elk geval mooi weer en een mooie omgeving om te wandelen en te varen.
Vandaag ga ik dus zoeken op internet en eventueel nog even naar het reisbureau.

Ik heb dus een concreet plan voor de dag en daarbij kan ik mijn subpersonen uitkiezen. Voor vandaag is dat een combinatie van Volger (ik wil een aantal dingen te weten komen) en de Stille: ik heb behoefte aan rust en trek me terug in mijn eigen huis. Maar soms lopen de dingen anders.

Het is zaterdagavond. Ik zit met mijn dochter aan de keukentafel. Ze kwam onverwacht op bezoek en we zijn samen de stad ingegaan om een aantal dingen aan te schaffen die ze nog nodig had. We kijken terug op de dag. Het was gezellig. Zij heeft haar spullen gekocht en we hebben heerlijk op een terras gezeten en bijgekletst. Niet wat ik me had voorgenomen, maar zeer de moeite waard. Ik ben tevreden.

Ik heb mijn plannen aangepast aan de situatie. Ik heb daarbij vooral de Good Guy gespeeld. Ik bekijk achteraf wat ik nu bereikt heb vandaag.

Als mijn dochter weer naar huis is, drink ik nog een lekkere whisky. Wat ik vandaag wilde bereiken is me niet gelukt, maar een fijne dag met mijn dochter is iets dat op mijn algemene prioriteitenlijst staat. Ik neem mij voor om morgen op internet te zoeken naar vakantiebestemmingen en een bezoek aan het reisbureau tot het volgende weekend uit te stellen.

'Wat wil ik bereiken?' is dus een vraag die je kunt stellen voor de komende dag, maar ook voor de komende jaren: voor de korte en voor de langere termijn. Soms is de korte termijn zo drukbezet, dringend of urgent, dat je de doelstellingen voor de langere termijn bewust moet plannen. Een andere keer (zoals in het bovenstaande verhaaltje) kan de kortetermijnplanning gemakkelijk wijken voor de zaken die op de langere termijn belangrijk zijn.

Wat is jouw 'keukentafel'? Misschien is het 's morgens je bed, met je kussens in de rug. Ik las jaren geleden in het *NRC-Handelsblad* een Hollands Dagboek van actrice en museumdirecteur Cox Habbema. Zij maakte 's morgen, met een ontbijt op bed, haar 'briefjes', die bij haar medewerkers beroemd – of berucht, dat weet ik niet meer – waren. Ze schreef op die briefjes allerlei voornemens voor die dag en opdrachten aan haar medewerkers. Zo bereikte op die dag wat ze 's morgens bedacht.

Misschien is jouw 'keukentafel' aan het einde van de dag je luie stoel met een sigaret en een glas wijn, of je balkon met een vruchtensapje. Het maakt niet uit.

Omdat ik in dit boek jouw gastheer ben, zit ik nu met je aan mijn keukentafel, met koffie! Je drinkt liever thee? Ook goed.

Ik leg een vraag op tafel. Je hebt nu dit boek gelezen: wat kun je er nu mee en wat wil je er mee? Op tafel liggen ook negen kaartjes met op elk kaartje de naam van een subpersoon. Onder wie natuurlijk: Wammes Waggel.

Misschien zeg je: 'Nou nee, ik vind dit toch niet zo'n goed idee, dat gedoe met die subpersonen.' Je kiest dan voor de stille, die zich terugtrekt onder het motto 'I'll do it my way'. Het gesprek aan de keukentafel is voorbij. Je staat op en gaat. Ik reageer als Arrogante. Hé, je gaat zomaar weg, dat was niet de bedoeling!

Of je zegt: 'Ik wil toch graag nog meer voorbeelden. Ik snap het allemaal nog niet zo best. Leuk, zo'n heel verhaal over subpersonen, maar ik heb hulp nodig om het allemaal in de praktijk te gebruiken.' Je speelt de Volger. Onmiddellijk speel ik de Leider die zegt: 'O, maar dan zal ik jouw adviseur wel zijn.' Ik speel dan eigenlijk twee subpersonen in één zin.
Ik neem snel het initiatief: de Leider. Maar bied vervolgens spontaan hulp aan en dat is typisch een actie van de Good Guy.

Of je zegt: 'Ik heb het boek tot zover gelezen en ik ben het er helemaal niet mee eens. Ik ben wie ik ben en ik besta niet uit zogenaamde subpersonen. Ik vind je boek beledigend en er deugt niets van!' Nu verdedig ik mezelf: ten eerste heb ik duidelijk aangegeven dat je subpersonen kunt spelen en tegelijkertijd jezelf kunt blijven. Ik heb het vergeleken met andere rollen die je speelt: ouder, kind, collega, buurman, vriendin, enzovoort. Ik speel eerst de Rebel, maar verplaats mij dan naar de Krijger. Ik baal ervan dat je me meteen met je kritiek om de oren slaat, die ook nog eens nergens op slaat.
Wat gebeurt er? Agressiespiraal! Ruzie, gevecht, groeiende afstand, een heel vervelend gevoel achteraf.

Of je zegt: 'Wat een ontzettend leuk boek is dit. Ik heb van het begin tot het einde genoten van je voorbeelden. Ze zijn zo uit het leven gegrepen, ik kan het daardoor helemaal volgen, het lijkt wel of het over mij gaat. En nu weer die keukentafel, wat ben je toch fantastisch, Bert.' Je speelt de Schat. Ik sta op en bied alles aan wat ik in mijn keukenkastjes heb staan. Lekkere koekjes, nog een heerlijk kopje koffie en ik vraag: 'Zal ik je mijn andere boek ook laten lezen?' Ik reageer automatisch als Good Guy.

Wat gebeurt er? Het 'wat-hebben-we-het-toch-gezellig-sfeertje': de liefdesdans. We komen steeds dichter tot elkaar en we hebben een heerlijk gevoel. Maar pas op als één van beiden de Rebel gaat spelen!

Je kiest steeds uit verschillende mogelijkheden. Een leuke oefening is, om de andere vijf ook eens uit te denken: De Rebel, de Arrogante, de Leider, de Good Guy of Wammes Waggel. Je zult zien dat ik dan reageer met respectievelijk de Krijger, de Stille, de Volger en de Schat.

En hoe zit het met onze vriend Wammes Waggel?

Je komt binnen en het eerste wat je zegt: wat een grote keukentafel! Er liggen wel negen kaartjes op tafel! Hé, er staan allemaal namen op ... gaan we daar mee aan de slag? Spannend!

Geloof mij, als je een paar keer oefent in de praktijk zullen bepaalde situaties je veel minder moeite kosten dan tot nu toe.

Laten we maar eens ergens beginnen. In het openbaar vervoer bijvoorbeeld.

Je zit in de trein en tegenover je zit een kaalgeschoren jongen van een jaar of 16 met een walkman op het tafeltje, een koptelefoon op en voeten in laarzen op de bank. De muziek staat zo hard dat je woordelijk kunt horen wat er gezongen wordt. Nou ja ... gezongen .... In elk geval hoor je geluiden die je liever niet hoort en bovendien wil je graag rustig in de trein

*zitten. Je wilt bereiken dat je geen last meer van het geluid hebt.
Wat doe je?*

Allereerst haal je diep adem. Misschien in dit geval niet één, maar twee keer!
Dan bedenk je wat je belangen zijn. Je wilt in elk geval rust, maar waarschijnlijk ook geen problemen.

Als je kiest voor de Stille betekent dat, dat je ergens anders gaat zitten. Je trekt je terug en laat de ander zijn gang gaan. De ander zal er óf niets van merken, óf wel, maar naar alle waarschijnlijkheid zal hij er dan niet op reageren. Je hebt in elk geval geen last meer van de herrie. Dit is een optie.

Als je kiest voor de Leider, sta je op en tik je de persoon aan. Je zegt niet onvriendelijk maar wel duidelijk dat je last hebt van de muziek en dat je wilt dat hij die uit (of zachter) zet. Je wacht tot hij dat gedaan heeft. Het is bij deze strategie heel belangrijk dat je niet agressief handelt. Agressie roept agressie op en dat zou in dit geval wel eens een vervelend effect kunnen hebben. Er is een redelijke kans dat de jongeman zijn walkman zachter zal zetten. Dit is dus ook een optie.

Je kunt ook kiezen voor de Schat. Je blijft heel vriendelijk en je vraagt beleefd of de muziek misschien wat zachter mag. Als je iemand beleefd iets vraagt, geef je de ander in feite de kans om je ter wille te zijn en de relatie goed te houden. Daarvoor moet die andere natuurlijk ook belangen hebben. In dit geval zijn die belangen er vrijwel niet. Je medereiziger wil lekker hard muziek draaien en verder niets. Jullie relatie laat hem waarschijnlijk koud. Bovendien is er een grote kans dat hij het een afgang vindt als hij aan je verzoek voldoet, zeker als er nog meer mensen in de coupé zitten.
Dit is niet echt een optie, maar proberen kan geen kwaad.

Natuurlijk kun je ook Wammes Waggel kiezen. Je maakt heimelijk een studie van je medepassagier. Je verbaast je over de hoeveelheid herrie die iemand kan verwerken. Je luistert misschien mee en je bestudeert het gedrag van een jonge reiziger. Op deze manier zul je geen last hebben van de muziek, want je maakt hem onderdeel van je eigen bezigheden. Het is een optie, maar alleen als je de interesse voor een dergelijke beschouwing kunt opbrengen.

Zo ben ik aan het einde van mijn boek gekomen. Ik besef dat ik nog veel meer voorbeelden had willen toevoegen, maar ik weet ook dat het veel meer gaat om het besef hoe deze patronen tussen mensen bijna vanzelf hun werk doen, dag in dag uit. En ik ben me er van bewust hoe moeilijk het blijft om de 'lastige weg' te bewandelen.
Als ik in het bos wandel, heb ik de ene keer zin in een makkelijke wandeling met paaltjes, een andere keer wil ik avontuur: een beetje verdwalen, een beetje zwerven. Het hangt van mijn doelstelling af en ook van mijn bui. En zo gaat het ook met deze methode.

Ik hoop dat je met deze aanpak vaker bereikt wat je wilt. En als je suggesties hebt voor aanvullingen, voorbeelden uit je leven of ervaringen met deze methode, laat mij dat dan weten. Je kunt een e-mailtje sturen naar bert.vdijk@snr.nl

Voor de liefhebber volgt nog een hoofdstuk met wat achtergronden die aan de basis liggen van deze methode.
Ik neem afscheid en wens je heel veel succes met bereiken wat je wilt!

ACHTERGRONDEN

1 DE ROOS VAN LEARY

De belangrijkste bron van mijn boek is de publicatie van Timothy Leary: *Interpersonal Diagnosis of Personality*. Leary was geïnteresseerd in interactie: hoe mensen op elkaar reageren. Hij heeft geprobeerd daarin patronen te ontdekken en is daar in geslaagd. Hij vertaalde de resultaten van zijn onderzoek in acht persoonlijkheidstypes en bracht die onder in een zogenaamde 'interactiecirkel', die we tegenwoordig de *Roos van Leary* noemen. Het boek is uitgegeven door The Ronald Press Company in 1957 en is moeilijk verkrijgbaar. Universiteitsbibliotheken hebben meestal wel een exemplaar.

Ik heb in een eerder boek de *Roos van Leary* beschreven. Ik heb mij toen met name gericht op situaties in de werksfeer. Ik heb de interactiecirkel ingekleurd: de binnencirkel is groen – effectief gedrag, en de buitencirkel rood – niet-effectief en rigide gedrag. Vergelijkbaar met de subpersonen en hun karikaturen. Het boek heet *Beïnvloed anderen, begin bij jezelf* en is uitgegeven door Thema in 2000 (ISBN 90.70512.91.2).

Voor professionele gebruikers van het model verwijs ik naar het boek *Mensen onder elkaar* van Dick Drost. Het boek geeft een heldere uiteenzetting van verschillende communicatiepatronen, waarvan het model (de Roos) van Leary een wezenlijk onderdeel vormt. De lezer doet kennis en inzichten op die van onmisbaar belang zijn bij een professionele toepassing van het model. Het is verschenen bij De Tijdstroom in 1996 (ISBN 90.352.1653).

In de *Interactiewijzer* van R. Verstegen en H.P.B. Lodewijks wordt de *Roos van Leary* gebruikt voor het ontwikkelen van een model voor de pedagogische praktijk. Professionele opvoeders vinden er een zeer hanteerbare en rijk geïllustreerde handleiding voor het aanpakken van opvoedingsproblemen. Het boek werd uitgebracht bij uitgeverij Dekker & Van de Vegt in 1993 (ISBN 90.255.0074.9).

Ten slotte noem ik nog *De stad van Axen* van Ferdinand Cuvelier. Cuvelier heeft een sprookjesachtige stad gecreëerd, die de basis is van zijn Gids bij menselijke relaties. De opbouw van de stad, met een binnenkring van 'gezond' en een buitenkring van 'ziekelijk' gedrag, en verschillende segmenten die een bepaald type gedrag weerspiegelen, doet sterk denken aan het model van Leary. Toch is het boek van een heel andere orde. Het beschrijft het bezoek van een ik-figuur aan de stad van Axen. Al lezende kom je meer te weten over de onderliggende structuur. Het boek kwam in 1992 uit bij uitgeverij Pelckmans (ISBN 90.289.0205.8).

2 MARTEN TOONDER

Voor mijn methode heb ik dankbaar gebruik gemaakt van de verhalen over *Heer Olivier B. Bommel* van Marten Toonder (De Bezige Bij): 43 deeltjes met elk één tot drie verhalen over de stad Rommeldam en zijn inwoners.

In deze verhalen staat steeds een maatschappelijk thema centraal. Toonder laat verschillende types optreden in de avonturen die Heer Bommel met zijn vriend Tom Poes beleeft. Zo ontmoeten we politieagenten en schurken, wetenschappers en hoogwaardigheidsbekleders. Bommels buren zijn een arrogante markies en een verliefde buurvrouw. En er zijn magiërs en aardmannetjes; ook een kunstenaar ontbreekt niet. Deze types hebben allemaal bepaalde eigenschappen.

Ik ben erg blij met deze fabelwereld die bevolkt wordt door duidelijke en herkenbare persoonlijkheden. Om ingewikkelde onderwerpen als communicatie, gedrag en interactie begrijpelijk te maken, is een eenvoudige structuur onmisbaar. Deze verhalen hebben mij enorm geholpen bij het ontwerpen van een dergelijke structuur.

Behalve voorbeelden van de acht persoonlijkheidstypes van Leary vond ik in het werk van Toonder ook een negende type: Wammes Waggel. Ganzen hebben sindsdien een speciale plaats in mijn hart.

3   DE RET (RATIONEEL EMOTIEVE THERAPIE)

Als je aan jezelf en aan anderen allerlei onhaalbare eisen stelt, is het heel lastig om te bereiken wat je wilt. Perfectionisme leidt tot veel inspanningen die nooit genoeg zijn. Bezig zijn met idealen die nooit gehaald worden, zoals 'in de wereld mag geen onrecht zijn', kost veel moeite en leidt nooit tot het gewenste doel.

RET (Rationeel Emotieve Therapie, ook wel Rationele Effectiviteits Training geneomd) is een methode die helpt deze irrationele ideeën te vervangen voor meer haalbare opvattingen. Daarom is de RET heel effectief in combinatie met de methode die ik in dit boek beschreven heb.

Voor mensen die de RET willen toepassen in werksituaties, is *Beren op de weg, spinsels in je hoofd* een heel goed boek. Het is geschreven door Theo IJzermans en Coen Dirkx en is verschenen bij Uitgeverij Thema (ISBN 90.70512.12.2).

Voor toepassing in van de RET in het privé-leven verscheen *Alles perfect, toch?* van Theo IJzermans, eveneens bij Uitgeverij Thema (ISBN 90.5871.302.4).

Voor professionele gebruikers raad ik *Rationeel-emotieve therapie, een praktische gids voor hulpverleners* van Gidia Jacobs aan, uitgegeven door Bohn Stafleu Van Loghum (ISBN 90.313.2659.3).

4   ASSERTIVITEIT

Om te bereiken wat je wilt, moet je assertief optreden: voor jezelf en je eigen belangen opkomen, zonder de ander onnodig te kwetsen. Over dit onderwerp zijn vele boeken geschreven. Een paar wil ik hier noemen.

Een van de grondleggers van de assertiviteitstraining in Nederland is Jan Schouten. Van deze psycholoog kwam in 1977 het boek uit *Ik ben d'r ook nog, handleiding voor assertiviteitstraining* bij uitgeverij Boom in Meppel, heruitgegeven in 2002 door Thema (ISBN 90.5871.091.2).

Een eenvoudig boekje dat de belangrijkste thema's van een assertiviteitstraining bevat, is *Assertief op het werk, ikke, ikke, ikke zonder dat de rest ...*, verschenen bij Uitgeverij Thema (ISBN 90.70512.49.1).

Voor een professionele toepassing van de assertiviteitstraining bestaat een zeer heldere handleiding voor trainers en opleidingsadviseurs: *Assertief gedrag: 'n Kunst om te leren* van Anne-Lies Hustings, Uitgeverij Thema (ISBN 90.5871.241.9).

5 COMMUNICATIE

Over communicatie zijn zo ontzettend veel boeken geschreven, dat ik niet begin aan een opsomming. Slechts twee boeken wil ik hier noemen, omdat ze toegankelijk geschreven zijn en omdat ze precies aansluiten bij wat ik in het hoofdstuk *Communicatie* heb aangestipt. Allereerst het boekje *Hoe bedoelt u?* van F. Schulz von Thun. In dit boekje wordt een schema behandeld dat je leert onderscheid te maken in vier niveaus van communicatie. Daardoor kun je bewuster letten op hoe je een boodschap zo goed mogelijk overbrengt op een ander. Uitgegeven door Wolters-Noordhoff (ISBN 90.01.79540.4).

Het boekje *'t Is ook altijd wat!, over communicatie gesproken* behandelt op humoristische en heldere wijze verbale en non-verbale aspecten van communicatie. De auteurs zijn Tjeu van Heck en Jeu Consten. Het boek is uitgegeven door Thema (ISBN 90.70512.44.0).

6 OVERIGE BOEKEN

Roberto Assagioli: *Over de wil: sturend mechanisme in het menselijk handelen*, Katwijk 1984 (ISBN 90.6325.1866); *Psychosynthese, een veelzijdige benadering van heel de mens*, Katwijk 1982, Uitgeverij Servire (ISBN 90.6325.194.7). Het begrip 'subpersonen' ontleen ik aan deze boeken.

Ernst Knijff: *De Therapeut als clown, randopmerkingen van een gestalttherapeut*, Uitgeverij EPO (ISBN 90.6445.207.5). Dit boek heb ik geraadpleegd voor het leren uitoefenen van het Wammes Waggelscenario.